수월한 농담

수월한 농담

죽음을 껴안은
사랑과 돌봄과
애도의 시간

송강원 지음

유유히+

추천의 말

엄마는 출산과 동시에 죄책감을 낳고, 자녀는 엄마의 슬픔과 뒤엉켜 태어난다. '엄마' 앞에 고개 숙여온 많은 이에게 이 책은 힌트를 준다. 우리 사이에 흐르는 감정을 하나로 남기지 않는 법을, 서로의 이름을 부르고 욕망에 귀 기울이는 법을, 죽음 앞에서 '죽는 게 쉽지 않제' 농담하는 법을.

당신을 잃는 과정이 이토록 치열하게 당신을 읽고 쓰는 태도라는 사실을 배운다. 당신을 여러 겹으로 살리려는 애/씀으로 우리가 계속 이별하고 다시 만날 수 있다는 사실도. 아픔과 돌봄, 상실의 순간에 나는 이 책을 쥐고 있을 거다.

_ 홍승은 (작가, 글방 '불확실한 글쓰기' 안내자)

"엄마, 죽는 게 쉽지 않제?"
웃자고 한 말에 죽자고 달려드는 대신, 죽자는 엄마에게 웃자고 달려드는 아들. 이들의 투병과 돌봄은 예정된 죽음을 향한 행진과 에스코트에 가깝다.
어떤 상실이 상상만으로 내 삶을 집어삼킬 듯 거대하다면, 살아남을 유일한 방법은 직면뿐이다. 그래서 강원은 마지막까지 써냈을 것이고, 당신은 마지막 장까지 읽을 것이다.

_ 곽민지(작가, 팟캐스트 <비혼세> 진행자)

인간은 모두 죽는다. 엄마도, 죽는다. '나'라는 존재의 테두리를 만들어준 사람이 도리 없이 영영 사라진다. 차라리 농담이면 좋겠는 일이 태연하게 벌어지는 게 삶이라는 걸 가르치듯. 송강원은 상실의 빈자리에 글로 몸을 만들고 옷을 지어 입힌다. 생활의 갈피마다 애도를 끼워 넣으며 엄마의 부재를 감당한다. 산뜻한 슬픔의 안쪽에 살아내려는 그의 안간힘이 포개져 있다. 그 누구보다 『수월한 농담』을 읽은 '옥'의 독후감이 궁금하다. 그 일이 이제는 영영 불가능해졌다는 사실이 이 성실한 애도를 완성한다.

_ 장일호 (시사IN 기자)

들어가며

아이도 따라 하기 쉬운 우울증 레시피

재료

   손댈 것 없이 알아서 잘하기 - 1봉지

   보채거나 징징대지 않기 - 1.2리터

   남 탓보다는 내 탓하기 - 2큰술

   "네가 행복하면 나도 행복해." - 기호에 따라

조리 순서

내가 태어났을 때 아버지는 엄마 곁에 없었고 태평양 어딘가에서 가장의 최선을 다하고 있었다.

엄마와 아버지는 어느 날의 산책을 후회한다고 말했다. 이혼을 결심한 여자와 그 마음을 돌이키려는 남자. 둘은 세 살 정도 되는 아이를 데리고 이혼을 결판 지을 마음으로 긴 산책을 나섰다. 아이가 어려서 대화 내용을 이해하지 못할 거라 생각했다. 세 살쯤 있었던 일은 대부분 기억 밖의 영역이고, 나도 그날의 산책을 특별히 기억하는 건 아니다. 다만 뒤늦게 상상해볼 뿐이다. 짧은 다리로 부모의 손에 이끌려 걸으며 어떤 불안을 감지했을 아이의 마음을.

열세 살에 용돈을 모아 30만 원쯤 하는 최신형 CD/카세트 올인원 오디오를 엄마에게 선물했다. 엄마는 내가 선물한 모든 것을 버리지 않고 소중히 간직했다.

이사가 잦았다. 국민학교 하나와 초등학교 두 곳을 다녔고, 대학 가기 전까지 아홉 번 이사했다. 전학은 조금 슬펐지만, 잦은 이사를 불평하지 않았다. 엄마가 없는 살림을 조금이라도 불리기 위해 악착같이 이사 다녔다는 사실은 어른이 되어서야 알게 되었다.

부모를 탓한다는 건 상상 밖의 일이었다. 엄마는 키울 자신이 없어서 둘을 낳지 않았다고 했다. 자식 하나. 부모의 최선이 정면으로 향해 있는 외아들인 나는 잘 살아야 했고, 행복해야 한다고 믿었다. 어린 나는 발전소 같은 사람이 되고 싶다고 생각했다. 지치지 않는 에너지로 긍정과 행복을 생산하는 사람이 되고 싶다고.

엄마는 '비생산적'인 것을 싫어했다. 엄마를 닮은 나는 슬프거나 우울한 감정이 '비생산적'이라고 믿었다. 학생 시절 노트에는 침전하는 기분을 다그치는 말을 자주 적곤 했다. '쾌인쾌사'라고 적혀 있는 노란 노트에 쓰이지 않은 어두운 마음을 이제는 안다.

미국에서 대학을 졸업했고, 학과에서 마련한 졸업기념식에서 지켜보는 부모님도 없었지만 나는 영어로 이렇게 말했다. "그동안 저에게 어떤 좋은 부분을 발견하셨다면, 그건 모두 제 부모님 덕입니다."

나는 성인이 되어 집을 떠난 뒤 미국, 독일에서 살다

가 다시 한국으로, 20대 대부분을 떠돌며 바다를 건너는 국제이사를 네 번 했다.

 독일까지 왔지만 무기력한 나는 변함없이 그대로였다. 주말에 죽은 듯 누워 천장을 마주할 생각을 하니 현기증이 날 것 같았다. 어느 금요일 밤, 동료들과 야간버스를 타고 베니스로 향했다. 무리에서 떨어져 나와 골목 사이사이를 떠돌다 항구 끝에 닿았다. 물가에 비친 얼굴을 보며 궁금했다. 물에 빠지면 이 모든 게 금방 끝날까?

 서른 살도 되지 않아 완전히 소진된 나를 이해할 수 없었다. 최선의 사랑과 격려를 아끼지 않았던 엄마와 아버지는, 갑작스러운 커밍아웃에도 변함없이 나를 지지해주었다. '깨어 있는' 부모를 둔 나를 친구들은 부러워했다. 행복의 각본대로 삶을 누리지 못하는 나 자신을 이해할 수 없었다. 이해되지 않는 나를 나 자신이 싫어하고 있다는 걸 알아차리기까지 오래 걸렸다. '자기혐오'라는 단어를 서른 넘어서 배웠다.

상담은 미처 돌보지 못한 나를 마주하는 일이었다. 그 과정은 전반적으로 힘들었지만 어떤 날은 해방감을 주었으며, 절망적이다가도 동시에 희망적이었다. 상담을 하면 할수록 나와 겹쳐 보이는 엄마를 자주 떠올렸고, 나는 그 과정을 엄마와 내밀히 나누었다. 시차가 다른 곳에서 살았지만 한두 시간씩 길어지는 통화는 우리의 일상이 되었다. 내가 상담하면서 알아차린 걸 구구절절 늘어놓으면, 엄마는 자신과 닮은 내 얘기를 집중해서 들었다. 별안간 미안해하다가도 어떤 깨달음은 자신에게 직접 적용해보기도 했다. 나를 통해 엄마도 배우는 게 많다며 고마워했다. 엄마가 행복한 것 같아 나도 행복했다. 우리는 농담으로 1+1 혜택이라며, 서로가 이뤄낸 가성비를 대견해했다. 상담이 깊어지면서 어린 시절에 대해 점점 묻고 싶은 질문이 많아졌다. 어느 날은 통화를 하다가 예상치 못한 엄마의 방어적인 태도에 나는 할 말을 잃었다.

"힘든 걸 말 안 하는데 어떻게 아노. 내가 네 하나님이가?"

탓을 하려고 꺼낸 대화는 아니었다. 덧붙일 말을 찾

지 못해 나는 전화를 먼저 끊었다. '부모의 최선'이라는 덮개로 고이 가려둔 시절이 속을 드러냈다.

어린 시절 대부분은 엄마와 나, 단둘이 지냈다. 선박 기관장인 아버지는 출국할 때마다 6개월에서 1년 넘게 해상 생활을 했다. 오랜만에 아버지가 집으로 돌아오면 반갑기보다는 어색했다. 자신의 부재를 메우려는 아버지의 정성은 주로 일방적이었다. 불편했지만 내색하지 않았다. 어린 마음에도 그의 최선을 지켜주고 싶었던 것 같다. 엄마가 평생 그러했듯이.

오래된 엄마의 불면증은 시집간 이후 생겼다고 들었다.

남 탓보다는 내 탓이 편했다. 연애를 시작하면서 나를 서운하게 하는 애인에게 화를 내는 대신 '나는 기도가 필요한 사람'이라고 말하는, 불완전한 나라서 미안한 어른이 되었다. 밖으로 쏟아내는 것보다 속으로 무너지는 게 수월했다.

숲을 걷다가 문득 죽고 싶었다. 내 걸음과 낙엽이 부딪혀 내는 소음을 참기 힘들었다. 내가 내는 소리가 싫어서 죽고 싶다는 마음을 알아차리고 그쯤부터 병원에 다니기 시작했다. 젖은 마음에서 물이 뚝뚝 떨어졌다. 걸음마다 질질 흘리고 다니는 내가 싫어서, 남에게 내 우울을 묻힐까 두려워서, 존재와 수치라는 단어를 제멋대로 섞기 시작했다.

처음으로 우울증 진단을 받고 나의 상태를 병리적 질환으로 부를 수 있다는 사실이 놀라웠다. 마음이 옷이라면 온종일 축축히 젖은 상태. 습도가 변하면 그 정도는 조금씩 달라져도, 결코 완전히 마를 수는 없는 기분. 볕 좋은 날, 옥상 위에 잘 마른빨래처럼 뽀송뽀송했을 때가 언제였더라. 기억나지 않았다. 그랬던 적이 있었나. 기억하고 싶지 않다.

Diagnosis : Major depressive disorder (진단명 : 우울증)

나는 독일에 살며 미국 의사를 통해 우울증을 진단받았다. 단어가 세 개씩이나 연결된 영어보다 한국말인

'우울증'이 더 과하게 느껴졌다. 닳고 닳은 모국어에서 풍기는 익숙한 냄새가 버거웠다. 나고 자란 곳의 언어보다 낯선 언어가 나를 더 이해하고 있다는 착각이 들었다. 아니, 그래 줬으면 했다. 이해받는 일을 포기하고 애써 멀어져 나온 모국에 어떤 식으로라도 나를 빚지고 싶지 않았다.

국적을 바꾸기 위해 미군에 입대했고, 4년을 채우지 못하고 정신병으로 조기 제대를 했다.

Diagnosis : Major depressive disorder and adjustment disorder (진단명 : 우울증과 적응장애)

아픈 엄마를 돌보며 살아있기를 잘했다고 자주 생각했다. "다 살았다"는 말을 즐겨하던 엄마는 100세 시대에 67세의 나이로 다 살았다. 엄마가 죽었다. 엄마가 더는 아프지 않아 다행이다. 엄마를 더는 볼 수 없어서 불행이다.

동그랗게 몸을 말아서 외부에 노출된 면적을 최소한

으로 만듭니다. 온몸은 꽁꽁 묶여 있고 손발은 물론 목도 제대로 가누지 못합니다. 기껏해야 손가락과 발가락을 꼼지락거리지만, 부질없습니다. 마침내 애쓸 수 없어서 불행 중 다행입니다. 작고 작아진 나는, 어느 옛날 열 달쯤 살던 좁디좁은 공간으로 돌아갑니다. 나의 꼼지락이 나를 품은 사람에게 기쁨이 되었던 곳으로 돌아갑니다. 그곳에서 숨을 크게 들이쉬고 내쉽니다. 나를 품은 엄마를 느껴봅니다. 나를 품고 슬프게 하늘을 바라보던 엄마를 느껴봅니다. 엄마를 그리워합니다.

차례

추천의 말 _____ 004

들어가며 아이도 따라 하기 쉬운 우울증 레시피 _____ 006

1부 비로소 죽음이 삶이 되었다

수월한 농담 _____ 020

슬프도록 서늘한 _____ 026

돌봄이라는 봄 _____ 032

의상실과 팔레트 _____ 039

마땅한 욕망 _____ 045

죽음을 맞이하는 사람 _____ 050

비생산적인 시간이 남긴 것 _____ 057

엄마를 쓰다가 _____ 063

삶의 재발명 _____ 068

아주 깊은 잠 _____ 078

죽고 싶은 마음 곁에서 _____ 086

비로소 죽음이 삶이 되었다 _____ 092

해방 전선에서 _____ 096

2부 대책 없는 감각이 파도가 되어

유일한 실감 ____ 102

현실을 사는 방법 ____ 105

부산에 가면 ____ 111

나를 낳은 사람 ____ 117

Have it your way, mama ____ 122

진심과 최선 사이 ____ 128

801호에서 ____ 132

슈퍼 J의 흔치 않은 장례식 ____ 141

남은 삶 ____ 147

3부 엄마 곁에서 삶을 아끼지 않는 법을 배웠다

고르고 고른 마음 ___ 156

우리만의 사랑의 방식 ___ 162

계집과 빨간 매니큐어 ___ 168

시간을 절이는 방법 ___ 175

어느 날의 편지 ___ 180

장면의 이면 ___ 185

취향의 역사 ___ 192

남자 벗기 ___ 199

차마 못한 말 ___ 205

엄마 말은 틀리지 않았다 ___ 210

기도 같은 믿음 ___ 217

몸, 무게 ___ 223

슬픔이 데려온 의심 앞에서 ___ 230

쓰는 일 ___ 235

나오며 "그래라, 그건 네 버전의 나니까" ___ 239

1부

비로소 죽음이 삶이 되었다

수월한 농담

"엄마, 죽는 게 쉽지 않제?"

검사 결과 별문제가 없다는 이야기를 듣고 병원에서 나오는 길이었다. 내가 던진 농담이 제대로 먹힌 듯했다.
"진짜, 죽는 기 보통 일이 아이네."
옥은 익살스럽게 고개를 저으며 너스레를 떨었다. 이제 우리에게 죽음은 농담이 되었다. 상상만 해도 슬픔이 짙은 안개처럼 덮치던 옥의 죽음은 어느새 장르를 바꾸었다.

폐암 4기, 5년 생존율 8.9퍼센트.

인터넷 검색으로 얻은 숫자에 기대어 나는 빠르게 해외 생활을 정리할 수 있었다. 오랫동안 여기저기를 떠돌며 방황해서인지 한국으로 돌아오는 일이 씹을 수 없을 정도로 숨통을 막는 답답함에 망설여졌는데, 옥의 폐암 소식을 듣고 나자 단번에 삼킬 수 있었다.

한국으로 돌아와 최대한 가까이서 옥과 함께하기로 결정한 지 벌써 2년이 넘게 흘렀다. 그사이 옥은 항암치료와 큰 수술을 치러냈고 합병증으로 인한 폐렴으로 위기를 맞기도 했지만 어려운 고비를 무사히 넘겼다. 최근 1년은 위태로운 버팀에 대한 보답인 듯 놀라울 정도로 호전되었다. 덕분에 암의 진행 상황을 주기적인 검사로 살펴보면서 한동안 알약으로 먹는 표적항암제를 처방받아 비교적 수월한 투병을 이어왔다.

수월한 투병. 수월이라는 단어를 쓰는 게 맞는 걸까, 생각했다. 수월해진 옥의 일상을 다행으로 느껴도 되는 걸까, 고민했다. 옥의 변화를 마주하며 이제는 일상이 된 병과 함께 사는 삶을 비일상적으로 여기지 않기 위해 노력했다. 그런데도 수월치 않았던 순간이 기억의

자리로 멀찍이 떨어지고 나니 사람 마음이 참 가소롭다. 요즘을 다행이라고 여기는 내가 모순적이었다. 옥이 힘들어하던 시절을 불행이라고 여기지 않았는데.

2개월 만에 다시 찾아간 병원에서 복부 림프절 전이가 발견되었다는 소견을 들었다. 주치의 조 선생님에 따르면 표적항암제가 더 이상 효과가 없고 다시 세포독성 항암제가 필요했다. 담당간호사는 신속하게 치료 일정과 항암 교육, 뇌전이를 체크하기 위한 MRI 검사까지 예약했다. 2, 3개월에 한 번씩 약만 받아가는 생활에 이제야 익숙해졌는데 당장 다음 주에 입원을 해야 한다. 불과 30분 전에 진료를 기다리며 대기실에서 여행 계획을 그리던 옥과 내가 아득하게 느껴졌다.

진료실을 나온 옥의 표정에서 미묘한 변화가 일렁였다. 옥을 바라보는 나는 어떤 표정을 짓고 있었던가. 폐암 4기의 예후를 감안했을 때 전이의 가능성은 예상치 못한 일도 아니었고, 우리는 주어진 시간에 대한 고마움과 남은 시간에 대한 미련 없음을 자주 이야기하곤 했었는데. 수월했던 우리의 시간이 갑자기 구체적인 숫자가 되어 불편한 존재감을 드러냈다. 몸과 마음 상태는 연속적이고 유기적인데, 진단 의학의 언어는 옥의 삶을 비상사태라고 선언한 듯했다.

옥은 당장 검사 결과를 비밀로 하고 싶어 했다. 늘 자신의 일로 주변을 신경 쓰이게 하는 걸 극도로 꺼리던 옥의 요구가 낯설지 않았다. 처음 폐암 진단을 받았을 때도 단번에 치료를 거부했던 옥이었다. 병과 죽음에 초연한 옥의 태도를 가족들은 쉽게 받아들이기 어려워했다. 이 과정에서 서로를 향한 보이지 않는 마음의 애씀이 옥에게 투병만큼이나 고단했던 걸 알고 있기에, 나는 옥의 편에서 최대한 이해하고 싶었다.

옥은 살면서 주변 사람들을 위해 자신의 최선을 다했지만 그럼에도 곁을 모두 내주는 사람은 아니었다. 자신에게 돌아오는 애정에 대해서는 고마움보다는 어쩐지 미안함이 앞서는 사람. 살면서 쏟아온 애정에 너무 많은 애씀이 녹아서일까. 늘 그랬다. 맡은 역할에 최선을 다했기에 미련이 없는 배우처럼, 조명이 꺼지면 관객의 박수도 마다한 채 서둘러 무대 위를 떠날 것 같은 사람.

그런 옥이 이번 검사 결과를 두고 드물지만 분명한 요구를 하고 있었다. 이제껏 자신의 병 앞에서 자신보다 타인을 위한 선택을 했을지도 모를 마음이 엿보이는 것 같았다. 원치 않은데 시작된 기나긴 연극 같은 것이 삶이라면 죽음만이 무대에서 내려올 수 있는 유일한 방법이라고 생각했을지도 모르겠다. 오래도록 엄마가 저물어가는 것 같아 슬펐는데 이번에는 옥의 말을 듣고 있는 내 표정에서 어떠한 슬픔도 비치지 않았기를 바랐다. 옥의 죽음을 엄마의 죽음으로 받아들이는 아들의 슬픔이 내비치지 않기를. 옥 앞에서는 아들인 나를 죽이고, 죽음 덕분에 더욱 오롯해지는 옥의 삶을 응원할 수 있다면.

병원에서 돌아오자마자 옥이 집 앞 마트에서 자몽을 한가득 사 왔다. 이번 항암약은 치료 중에 자몽을 먹어도 된다며 아주 신이 났다. 주치의 선생님은 나 말고도 담당 환자가 많아 피곤할 거라며 진료시간에 본인 질문은 잘 하지도 않던 옥이, 이번에는 굳이 지나가는 간호사를 붙잡고 물어봤단다. 식탁에 앉자마자 자몽 하나를 후다닥 까더니 한입 베어 물고 세상 행복한 표정을 짓는다. 도무지 따라 웃지 않을 수 없는 표정에 나도 자몽 하나를 입에 물었다.

어쩔 도리 없이 바탕색이 슬픔일 때 우리는 무엇을 할 수 있을까. 적극적으로 슬픔의 바탕색을 끌어안고 자기가 선택한 색을 덧칠해 또 다른 풍경을 만들어내는 것이 사랑이라면, 옥은 비로소 삶을 적극적으로 살아내고 사랑하고 있는지 모르겠다. 엄마가 아닌 옥으로 더 깊이 알아갈수록, 죽음을 품은 옥이 다채롭다. 죽음을 끌어안은 삶이 이토록 다채로운 것이라면, 죽음은 과연 사라지는 일일까. 사라지는, 사라진 것들은 모두 슬픈 일일까.

슬프도록 서늘한

 옥이 수술이 끝나고 떠올린 단어는 지옥이었다. 힘들다, 아프다는 표현을 옥에게서 평생 들어본 적이 없는데 중간 단계 다 건너뛰고 지옥이라니. 본인도 어색하게 느껴서였을까. 지옥. 지옥이라는 단어 주위로 낯선 공기가 둥글게 에워싼 듯했다. 하지만 다른 마땅한 단어가 없다는 듯 지옥이라는 말은 몇 번이고 내뱉어졌다.

 통화 너머 지친 옥의 목소리에서 익숙한 서늘함이 바다를 건너왔다. 마음이 급해졌다. 보스턴 공항에서 한국행 비행기를 기다리는 대기시간이 하염없이 늘어졌다. 아, 맞다. 한국에 도착해서도 격리를 해야 하는구나. 면역력이 바닥을 쳤을 텐데. 엄마를 최대한 안전하게 만나려면 서두르면 안 돼. 아니, 서두를 수도 없네. 일단 마음을 단단히 챙기자.

코 쑤심 없이는 어디도 갈 수 없는 시국에 다시 나를 한국으로 돌아오게 만든 건 옥의 폐암 소식이었다. 그렇지. 코로나로 온 세상이 야단법석이어도 폐암이랑 비할 바는 아니지. 조직검사 결과 폐암 4기라는 사실을 알게 된 옥은, 이모들과 아버지에게 치료를 받지 않겠다고 선언했고 타지에 있는 나에게는 비밀로 해달라고 부탁했다. 아버지는 한국과 미국 시차가 애매한 틈에 몰래 전화를 걸어 옥의 소식을 어렵게 전했다. 병을 숨기려고 했다는 사실이 놀랍지 않았다. 나는 옥에게 전화로 담담하게 말했다. 엄마. 우리 서로 편하게 아프자.

익숙해졌다 싶었던 나의 우울증은 보스턴에서 더 심해졌다. 몸에 더 잘 맞는 약을 찾기 위해 매주 정신과를 찾았다. 먹여 살릴 식구도 없는 내가, 내 몸 하나 돌보는 일이 아슬아슬한 나날이었다. 보폭보다 널찍이 떨어진 징검다리를 건너는 듯 위태로웠다. 최선을 다해 발을 굴려보지만 다음 디딤돌에 닿지 못한다 해도, 발을 헛디디며 급물살에 휩쓸린다 해도, 그건 그대로 괜찮을 것 같았다. 죽고 싶은 마음만큼 이렇게 살기 싫다는 감각도 분명했다. 상담 치료를 다시 시작했다. 매주 한 번씩은 꼬박꼬박. 마음이 부칠 때는 두 번씩. 나는 병세를 숨기고 싶었지만 일상을 모조리 덮은 우울은 숨을 자리를 허락지 않았다. 우울에 푹 절여진 위태로움은 짧은 통화에도 새어 나왔다.

숨길 힘도 없이 옥에게 하나둘 털어놓기 시작했다. 통화가 잦은 우리였지만, 분명 우리가 나누는 대화는 다른 국면을 맞이했다. 상담에서 나눈 이야기는 옥과의 통화로 이어졌다. 옥은 내가 통과하고 있는 마음에 깊이 공감했다. 내가 닮지 말아야 할 부분을 닮았다고 자책했다. 서로 닮은 마음을 단번에 알아보았다. 닳고 닳아 닮은 마음이 대화 속에서 포개질 때면, 별안간 살 힘이 생겼다. 낯선 경험이었지만 편안했고 고마웠다.

어느 날 나는 옥에게 죽고 싶었다고 고백했다. 엄마인 옥에게 아들인 내가 힘들다, 아프다를 건너뛰고 죽음을 함부로 입에 올리고 말았다. 죽을 만큼 어려운 일이었지만, 죽을 마음으로 내가 떠올린 수많은 일들 중에 가장 잘한 일이었다.

옥은 자신의 폐암 소식이 나에게 무거운 돌을 안기는 일로 여겼을지 모르겠다. 정작 내 마음을 오래 누르고 있던 돌은 따로 있었다. 와중에도 자신을 맨 뒤에 두는 일이 익숙한 사람. 그 마음의 서늘함. 나는 이런 엄마가 자주 슬펐던 아들이었다. 어쩌면 암세포보다 더 깊숙이 퍼져 있을지도 모를 오래된 마음의 서늘함이 너무 익숙해서 아팠다. 그날 밤, 서늘함은 습함으로 다가와 나를 덮쳤고 축축해진 마음에서 새어 나온 물은 고였다 새벽녘에서야 눈 밖으로 흘러나왔다.

친절한 주치의 조 선생님의 설득 덕분이었을까. 완치는 기대하기 힘들지만 증상 완화를 위한 고식적 치료를 통해 할 수 있는 걸 조금씩 해보자는 말에 옥은 마음을 돌렸다. 6차에 걸친 약물 치료를 버텨냈고 수술을 시도해도 좋을 만큼 호전을 보였다. 회복에 대한 희망을 느낀 걸까, 주변의 마음을 외면하기 어려웠던 걸까. 망설이던 옥은 수술을 결심해 주위를 기쁘게 했다. 10년 전 유방암 때보다 항암약이 훨씬 버틸 만하다며 그사이 의학이 엄청 발전했다느니, 건강보험에서 다 내줘서 이 정도면 공짜라느니, 평생의 레퍼토리인 '엄만 괜찮으니까 우리 아들 너-무 신경 쓰지 마래이-'를 시전하며 당당하게 입원했다.

격리를 끝내자마자 부산 집으로 달려갔다. 익숙한 집안 풍경은 여전했지만 옥은 많이 달라져 있었다. 지친 얼굴에서 지옥이라는 단어로 설명할 수밖에 없었을 시간이 엿보였다. "다시는 입원하기 싫다"는 말을 반복했다. 모두의 간절한 바람과는 달리, 면역력이 바닥난 몸은 바이러스가 넘나들기 쉬웠다. 수술 부위의 자연스러운 통증인 줄 알았던 증상은 알고 보니 대상포진이었고, 기침은 좋아질 기미가 없이 계속 심해지더니 야속하게 폐렴으로 이어졌다. 지옥을 넘어와 또 다른 지옥 앞에 선 옥을 옆에서 지켜보고 있자니 속이 타들어갔다. 타는 속에서 익숙한 불안이 피어올랐지만 예상되는 최악의 시나리오를 일찍이 찾아본 덕에 나는 조금 덜 절망할 수 있었다.

보스턴에서 옥의 소식을 전해 듣자마자 포털 사이트

에 병명을 검색했었다. 암 자체보다 합병증으로 사망할 확률이 높다는 전문의 소견이 많았다. '폐암보다 위험한 폐렴'과 같은 자극적인 의학 기사 헤드라인은 바로 머릿속에 저장되었다. 그리고 뇌리에 각인된 숫자. 8.9. 왜인지 숨을 참고 검색창에 타이핑했던 '폐암 4기 생존율'의 결과였고, 상단에 찾는 내용을 요약해서 보여주는 포털 사이트의 친절함 덕에 두 번 클릭할 필요도 없었다. 이를 악물고 떠나온 한국으로 다시 돌아가는 일을 찰나의 망설임도 없이 결정하게 도와준 숫자, 8.9. 과학과 통계를 기반으로 한 소수점 한 자리 숫자 덕분에 '앞으로 옥과의 남은 시간은 최대 5년'이라는 묵직한 덩어리를 물 한 모금 없이 꿀꺽 삼켰다. 정신 차려보니 나는 바다를 건너와 부산 집에서 옥의 약봉지를 챙기고 있었다.

돌봄이라는 봄

 혹독한 겨울을 지나는 옥의 두 눈에서 생기를 찾기 힘들다. 가만히 한곳을 응시하는 힘없는 시선이 마른 가지처럼 툭 떨어질 것만 같아 그 시선에 애써 마음을 포개어보지만 '엄마, 겨울이 지나면 곧 봄이 올 거야'라는 말을 차마 내뱉지 못한다. 온몸으로 겨울을 겪어내는 옥에게 믿어지지 않는 봄을 입에 올리는 일이 행여 무례할까 봐. 슬픔이 될까 봐.
 폐암 수술 후, 간신히 퇴원했던 옥은 합병증으로 폐렴에 걸려 다시 입원할 수밖에 없었다. 패혈증이라는 최악의 상황을 피하기 위해 온갖 항생제를 투여하며 2주가 넘는 시간을 버티고 버텼지만 염증수치는 가라앉지 않았고, 옥은 결국 포기를 선언했다. 수술 부위가 채 회복되지도 않은 상태인데 항생제 부작용으로 오한과 구토, 시도 때도 없는 어지러움과 식은땀은 해도 너무한 일이었다. 보다 못한 아버지는 옥을 설득하려 상주 보호자로 병원에 들어갔지만 처음 보는 아내의 얼굴과 표정에 가슴이 무너졌다. 결국 며칠 버티지 못한 아버지에게서 전화가 왔고 나는 간단한 짐을 챙겨서 서둘러 병원으로 향했다.

   조 선생님은 더 이상 항생제 치료를 권하기가 미안하다는 말씀을 하셨다. 의사로서 욕심 같아서는 마지막 남은 항생제까지 시도해보고 싶지만 환자가 너무 힘들어해 버텨줄지 모르겠다 하셨다. 그의 배려가 다정하면서도 슬펐지만 내색하지 않았다. 옥에게 나랑 같이 딱 일주일만 더 해보자 말했다. 옥은 대답이 없었다. 그 침묵에서 홀로 버텼을 지난 2주의 시간이 찰나에 흐르는 듯했다. 코로나 시국과 옥의 고집 때문이었지만 힘든 시간을 홀로 내버려둔 것 같아 죄스러웠다. 나는 무례하게 옥의 침묵을 밟고 한 번 더 설득했고, 그렇게 옥과 나의 일주일이 시작되었다.

첫째 날

이 지경이 된 상황에서도 1인실로 옮기는 일을 망설인다. 평생 달고 산 오랜 버릇 같아 우물쭈물하는 옥의 말을 단칼에 잘랐다. 땀으로 침대 시트를 적시는 옥이 조금이라도 편하게 옷을 갈아입으려면 무조건 1인실로 가야 한다. 보험처리에 대한 설명을 굳이 덧붙여서 옥을 설득해 1인실 병실로 옮겼다. 옥은 매일 네다섯 시간 간격으로 혈액을 통해 항생제 3팩을 맞는다. 식사는 구역감이 심해 간신히 단백질 음료로 끼니를 때운다. 나 혼자 병원 밥을 먹는 것이 아주 잠깐 죄스러웠지만 그렇게 느끼지 않기로 마음먹었다. 그럴 여유가 없다.

둘째 날

옥은 먹은 것도 없는데 구토가 잦다. 특히 밥 냄새를 맡으면 헛구역질이 시작된다. 항생제와 함께 구토억제제 처방을 요청했다. 혹시 약이 몸에 맞지 않을 상황을 대비해 간호사에게 먹는 약과 혈액으로 투여받는 약 두

가지를 준비해달라고 했고, 조 선생님의 허락을 받아냈다. 옥에게는 특별히 선생님이 구토억제제를 두 종류로 처방해주셨다고 설명하며 어제보다는 구토가 많이 줄어들 거라 말했다. 나는 의사도 뭣도 아니지만 내가 뱉어낸 말이 그저 사실이 되기를 바랐다.

셋째 날

항생제 투여가 시작되면 병실 온도와 관계없이 식은땀을 온몸으로 쏟아낸다. 여벌의 환자복 세트 세 개와 추가 온열 램프를 요청했다. 병원 규율상 어렵다는 간호사의 말에 조 선생님께 꼭 필요하다고 전해달라 부탁했고, 주치의의 전화 한 통으로 안 되던 일이 되었다. 땀을 비 오듯 흘리던 옥은 환복 후에는 언제 그랬냐는 듯 추워했고 이때마다 온열 램프는 구세주가 되어주었다. 간호사에게 매번 부탁하는 걸 미안해하는 옥을 위해서 상의 세 장을 온열 램프로 말려서 돌려 입기로 했다. 축축해진 환자복을 램프 위에 걸어놓으면 다음 번 항생제 투여까지 잘 말라 있다. 이 와중에 뭘 미안해하냐, 제발 그러지 말라는 말은 도움이 되지 않는다. 미안한 마음까지 돌봐야 한다.

넷째 날

폐 상태를 체크하기 위해 로비가 있는 1층 방사선실로 내려가야 한다. 오가는 사람들 사이에서 기다리다 감기라도 걸릴까 봐 엑스레이 촬영을 이른 아침으로 정했다. 옥을 부축해 침대에서 휠체어로 옮긴다. 링거 줄과 산소통 줄이 엉키지 않도록 정리한 뒤에 데워둔 온찜질팩과 땀을 닦을 수건을 챙겨서 이동을 시작한다. 방사선실에 도착하니 촬영을 위해 입고 있던 재킷을 벗어야 한단다. 아차차. 다음 번엔 재킷보다는 담요가 낫겠다. 링거 줄이 엉킬 위험도 줄고, 옷 입는 대신 담요를 덮으면 그 사이에 느낄 한기도 줄일 수 있을 것 같다.

다섯째 날

이번 입원 이후 처음으로 돼지고기 세 점과 밥 세 숟가락, 아버지가 가져온 장어탕까지 먹는다. 구역질도 많이 호전되어 밥 먹는 옥을 핸드폰으로 찍어 아버지에게 보냈다. 눈물이 난다고 답장이 왔다. 조 선생님이 회진을 오셨다. 좋아진 컨디션과는 달리 검사 결과는 호전이 없다고 하셨다. 속상할 줄 알았는데 생각보다 괜찮다. 오랜만에 밥 먹어서 배부르다는 옥에게 단백질 음료까지 억지로 챙겨 먹인다.

새벽 4시가 항상 고비다. 새벽 1시쯤 옥이 잠든 사이 간호사가 마지막 항생제 팩을 투여하면 다 맞을 때까지 세 시간 정도 걸린다. 1시에서 3시 사이 편한 표정으로 잠이 들면 일지에 줄여서 '편표잠'이라고 기록한다. 새벽 4시쯤 되면 잠결에도 인상을 쓰기 시작하는데 이때부터 오한과 함께 식은땀이 찾아온다. 잽싸게 램프 위에 말려둔 수건으로 흥건해진 이마의 땀을 닦아내고 수건을 갈아준다. 온열 램프만 켜져 있는 병실에서의 밤. 램프 위에 걸쳐 있는 수건이 주위를 가려 옥의 표정만 스포트라이트다. 방금 갈아서 올린 축축한 수건 너머로 감긴 옥의 눈을 멍하게 응시하다가 낮에 나눈 대화가 떠올랐다.

난 정말 진심으로 아픈 옥의 곁을 지키는 게 좋다. 아프고 나서야 나도 옥도 서로를 곁에 둘 명분이 생긴 듯

해서. 해외 생활이 대부분이었던 아들에게 '언제 오냐' '보고 싶다'라는 말 한번 편하게 못했던 옥이었다. 어떤 부모는 부탁도 요구도 염치없이 잘만 하더만은 옥은 왜 이 모양인지. 아이러니하게도 폐암은 나와 옥 사이의 괜한 강을 좁혔다. 병원까지 오게 해 고생시켜서 미안하다는 옥의 반복되는 말에 나는 솔직한 마음을 전했다. 비로소 엄마 곁을, 당신의 돌봄을 허락해줘서 고맙다고. 나의 서툰 고백이 옥의 마음에 어떻게 스며들었는지는 모를 일이다. 다만 "아들, 그렇게 말해줘서 고마워"라며 내 품에 꼭 안긴 옥이 낯설어서 눈물 나고, 반가워서 감격스럽다. 그렇게 그리움으로 덮고 배려라는 이름으로 참았던 서로를 향한 사랑이 비로소 고마움으로 만났다.

새벽 동이 트고 아침식사를 준비하는 배식 차 소리가 들린다. 어느덧 옥의 표정이 편안하게 풀려 있고 깊게 잠이 들었다. 나는 일지를 꺼내 '아침 6시 25분, 편표잠'이라고 쓴다.

의상실과 팔레트

어른들은 옥의 일터를 양장점 또는 의상실이라고 불렀다. 의상 디자이너였던 옥은 1970~80년대 부산 최대 번화가였던 광복동 일대에서 사회생활을 시작했다. 기성복이 흔치 않던 당시에는 옷을 맞춰 입는 일이 일반적이었고 동네에서 제일 잘나가는 의상실은 소위 '부잣집 엄마들'이 여유를 누리고 부리는 사교 공간이기도 했다. 사회 초년생부터 남다른 감각을 인정받았던 옥은 유독 단골손님이 많았고, 결혼 후에 같은 업계 '참한' 언니의 스카우트를 받아 좋은 조건으로 이직도 해냈다. 이곳이 내가 기억하는 옥의 첫 일터였고 이름은 '참한 의상실'이었다.

 나는 유치원이 끝나면 집이 아닌 '참한 의상실'로 향했다. 옥의 일터는 부산에서 오래된 전통 시장인 동래시장 가운데에 위치했다. 옥이 바쁠 때는 혼자 하원하는 일도 익숙하게 해냈는데, 왁자지껄한 분위기에 수많은 유동인구가 오가는 시장을 가로지르는 건 무서움보다는 즐거움이었다. '참한집 꼬맹이'는 인사성이 밝아 시장 어르신들의 귀여움을 받았다. 여기저기 인사를 나누다 보면 의상실로 가는 길은 전혀 멀게 느껴지지 않았다.

 의상실에 도착하면 꼬맹이 키를 훨씬 넘는 마네킹이 쇼윈도를 장식하고 있는 입구를 지나 들어간다. 내부 한쪽 벽에는 형형색색 다채로운 원단이 잘 정리되어 있고, 다른 한편은 알록달록한 캔디 같은 단추와 액세서리가 종류별로 반짝였다. 가게 가운데에는 부잣집 거실에서 옮겨온 듯한 화려한 패턴의 소파 한 쌍이 마주 보고 있었는데, 중간 테이블 위로는 손님들의 찻잔과 주전부리, 원단 샘플이 널브러져 있었다. 한창 일하던 중에도 옥은 나를 누구보다 기쁘게 반겨주었고, '참한' 이모와 재단사 삼촌, 몇몇 낯익은 손님들까지 혼자 하원한 내가 대견한지 저마다 한마디씩 건네곤 했다.

옥은 나에게 가장 가까운 어른이자 나의 유일한 세상이었다. 배를 탔던 아버지는 보통 6개월에서 1년씩 해외 생활을 했다. 옥 역시 맞벌이로 바빠 혼자 놀았던 시간이 대부분이지만, 옥과 함께한 기억에서 의상실을 결코 빼놓을 수 없다. 의상실은 어린 나에게 펼쳐진 가장 해상도 높은 세상이었다.

단연코 그 세상의 주인공은 엄마인 옥이었다. 옆에 꼭 붙어 앉아 놀 때면 표정 없는 마네킹도 신비롭게 느껴졌고, 무시무시한 크기의 원단 가위는 마법을 부릴 것만 같았다. 평소에 검소하고 수수한 옥은 의상실에서만큼은 다른 사람이었다. 손님들에게 좋은 예를 보여주기 위함이라 했지만 옥의 취향은 어떠한 설명 없이도 향기처럼 풍기는 무엇이었다.

차분한 톤의 투피스에 감각적인 포인트가 되는 꽃 코르사주를 가슴 한쪽에 달고, 은은하게 돋보이는 보라색 펄 아이섀도는 손톱 끝만 살짝 칠한 빨간 매니큐어와 조화를 이루었다. 양 귓불에 반짝이는 클립온 진주 귀

걸이와 귀 뒤로 넘긴 짧은 머리칼은 우아했다. 과하지 않게 화려하고, 애쓰지 않아도 세련된 착장. 그리고 그에 절묘하게 어울려 떨어지는 화장까지. 옥은 내가 처음으로 경험한 팔레트였을지도 모르겠다. 손님들과 한참을 떠들다가도 어느새 빈 종이에 의상 디자인을 슥슥 스케치하곤 했는데, 나는 이때의 옥을 어떤 생기生氣로 기억한다.

얼마 전 옥과 식사를 하기 위해 낙지볶음집을 찾았다. 동래시장 입구에 있는 그 집은 여전히 손님들로 북적였다. 옥이 의상실에서 일할 때부터 다녔던 곳이니 못해도 30년이 넘은 단골집이었다. 늘 시키던 대로 낙지와 새우가 섞인 전골 2인분과 우동 사리를 주문했다. 반찬으로 나오는 취나물과 오징어 젓갈도 기가 막힌 곳이라 공깃밥은 순식간에 사라졌다. 한결같은 맛에 고맙다는 생각까지 하면서 부를 만큼 부른 배를 두드리며 가게를 나섰다.

소화도 시킬 겸 오랜만에 시장 한 바퀴를 돌기로 했다. 폐암 수술 이후로 숨이 쉽게 차는 옥의 속도에 맞추어 천천히 거닐었다. 천오백 원이었던 시장 칼국수는 세월이 흘러 오천 원으로 올라 있었다. 시장의 부흥을 위해 '250년 역사' '최초의 부산 전통 시장'이라는 광고 현수막이 여기저기 붙어 있었지만 사람이 예전만큼 많아 보이지는 않았다. 기억보다 한산해진 시장 골목 사이를 따라 들어가다 보니 예전 의상실이 있던 위치까지 닿았다.

좁은 골목 입구는 그대로였지만 주위 건물은 높아져 있었다. 마네킹이 있던 자리에는 식품용 냉장고가 차지했고, '참한 의상실'은 반찬 가게로 바뀌었다.

"아들내미가 엄마랑 그렇게나 사진을 찍고 싶은가 보네."

돌아오는 길 버스정류장이었다. 사진 찍는 걸 안 좋아하는 옥을 붙잡고 어떻게든 한 장 건져보겠다며 오만 애교와 각도로 애쓰는 모습을 보더니 지나가던 아주머니가 툭 던지듯 말씀하셨다. 어릴 때였으면 괜히 부끄러워 그만할 법도 한데 나는 아랑곳하지 않고 사진을 열 장 넘게 찍었다. 집을 떠나 오랫동안 해외에서 지내다 보니 일상에서 함께하는 순간이 이토록 소중해졌다. 품에 안겨 사진을 백 장이라도 더 찍을 수 있었지만, 어쩐지 사진만 찍으면 어색하게 얼어버리는 옥의 미소가 못내 아쉬웠다. 현재의 찰나만 포착하는 사진 속에, 내가 기억하는 의상실의 옥은 온데간데없었다. 옥의 생기는 어디로 간 걸까. 수없는 찰나가 겹치고 또 겹쳐져 어느새 '참한집 꼬맹이'는 서른을 훌쩍 넘겼다.

언제부턴가 엄마가 저물어간다는 마음이 자주 나를 찾아온다. 받아온 사랑과 날 향한 최선이 새삼스레 콧등을 시큰하게 하던 많은 장면과 함께. 가능하면 이번 옥의 생일에는 청춘을 선물하고 싶은데 어디서 구할 수 있을지 알 길이 없다.

마땅한 욕망

"엄마는 어차피 안 먹는다고 할 테니까…"

늘 하던 대로 자연스러운 행동이었는데 당황스러웠다. 옥이 깎아주는 사과 하나를 아버지에게 먼저 드리고, 다음 하나를 내 입에 가져다 놓았을 때 아버지가 대뜸 물었다. "엄마는?"

짧은 질문에 긴 침묵이 따랐다. 나름대로 진지하게 고민한 후 솔직하게 대답했다. 어릴 적 기억인데 꽤 혼란스러웠던 감각이 아직까지도 강렬하게 남았다. 혼란스러움은 이내 미안함이 되었고, 죄책감으로 번져 마음을 무겁게 했다. 옥은 말없이 웃음을 지었던가.

옥은 요구가 드물다. '가뭄에 콩 나듯'이란 표현이 딱이다. 옥의 마음을 떠올리면 어슴푸레한 슬픔이 자주 스몄다. 요구가 드문 옥의 마음이 가뭄일까 늘 신경 쓰였다. 살다 보니 내 속에서도 미처 몰랐던 가뭄을 마주하게 되었고 가까이에 닮은 누군가를 떠올리는 일은 쉬웠다.

취향과 결심이 분명한 편임에도 나는 관계 속에서 요구하는 일이 서툴렀고 자주 슬펐다. 요구하지 않는 아이는 자라서 욕구가 낯선 어른이 되었고, 욕구 없이 욕망이라는 단어를 품는 일은 가뭄에 콩을 기다리는 일처럼 무의미했다. 무의미가 무기력이 될 때쯤 서른 가까이에 다다랐고 마음은 낭떠러지에 닿고서야 나를 돌아보게 했다. 그렇게 시작하게 된 상담 치료는 내가 '욕망'이라는 단어를 비로소 마주한 계기가 되었다.

욕망이라는 알록달록한 세계가 어딘가에 존재한다면, 발걸음을 떼기도 전에 '원해도 되나'라는 질문이 나를 멈춰 세웠다. 먼저 배운 조심스러움과 자기검열의 언어는 제자리를 맴돌게 했고, 행여 내가 내는 발소리조차 소음이 될까 발꿈치를 들어 발가락으로만 버텨온 시간도 있었다. 까치발로 찾아 나서기엔 욕망이라는 세계는 너무나 아득했다.

고갈된 자아에서 길어낼 욕망의 언어는 없었다. 어쩌면 언어의 고갈인지 자아의 고갈인지 분간할 힘조차 남아 있지 않은 상태로 오랫동안 나를 방치했을지도 모른다. 욕망을 탐구하기 시작하면서 아이러니하게도 욕망의 부재가 선명한 존재감을 드러냈다. 요구하기보다는 요구받는 일이 익숙한 나는 옥을 많이 닮아 있었다. 자신을 닮은 나를 발견할 때마다 옥은 슬픈 표정으로 미안하다고 말했다.

육 남매 중 장남으로 태어난 아버지는 스무 살을 갓 넘겼을 때 가장이 되었고, 남편을 일찍 잃은 아버지의 엄마는 남겨진 자리에서 최선을 다했다. 사람마다 최선은 너무나 다른 모양새를 가졌다. 옥이 시집가서 시어머니로 만나게 된 아버지의 엄마는, 옥이 살아온 방식과는 전혀 다른 최선으로 삶을 살아내고 있었다. 그 차이는 옥이 쉽게 소화할 수 있는 것이 아니었지만 며느리의 도리라는 명목으로 최대한 맞추고 참아냈다. 요구는 요구를 끝없이 낳았고, 불편한 요구를 억지로 삼켜 내며 옥은 옥의 최선을 다했다. 그렇게 30년쯤 하고 나서야 비로소 오래된 욕구를 행동으로 옮겨 시어머니와의 단절을 선언했다.

"엄마 선물은 없냐?"

할머니는 특유의 너스레로 한마디를 툭 던지셨다. 오랜만에 아버지와 할머니를 뵈었고, 마침 내 생일이라고 아버지가 선물을 건네주던 상황이었다. 해외 생활이 잦아 생일을 거의 챙기지 못했던 아버지가 생일 선물을 직접 건넨 적은 처음이었다. 기분 좋은 어색함을 느끼던 찰나였다. 불쑥 나타난 할머니의 한마디로 분위기는 단번에 바뀌었다.

아버지는 익숙하다는 듯 웃으며 할머니의 농반진반을 살갑게 달랬다. 선물을 받은 감동을 표현하기보다 할머니의 눈치에 나도 아버지를 따라 어색하게 웃었다. 할머니가 섭섭해하실까 혼자 있을 때 조용히 포장을 뜯어보니 만년필이었다. 만년필을 가방에 챙겨 넣다 별안간 옥이 떠올랐다. 보란 듯이 요구하는 일이 몸에 밴 아버지의 엄마 앞에서 나는 나의 엄마를 떠올리지 않을 수 없었다.

요즘 나는 옥에게 무엇을 원하는지 자주 묻는다. 버릇처럼 튀어나오는 "아들이 좋으면, 다 좋지"라는 대답은 원천 봉쇄하기로 했다. 대답 대신 침묵이 길어질 때면 이것과 저것을 던져본다. 둘 중에 어떤 걸 덜 원하는지를 답하는 것이 그나마 편해 보이기 때문이다. 나만의 방식으로 어떻게든 가뭄에 콩 나듯 귀한 옥의 '콩'을 수확해본다. 콩을 수확하는 즐거움 너머로 커다란 나무 한 그루도 상상해보면서 말이다. 알록달록한 열매가 주렁주렁 열려 있는 욕망의 나무를. 이번 주말에는 옥이 좋아하는 자몽을 한가득 사갈 예정이다.

죽음을 맞이하는 사람

옥이 나를 향해 소리를 지른 유일한 날이 있었다. 막 중학교에 들어가 성적표를 받아온 어느 날, 나는 옥과 저녁 밥상에 마주 앉았다. 공부하란 소리 한번 하지 않던 옥이 웬일인지 성적표를 보고 수학 과외를 해보는 게 어떠냐고 했다. 평소에 혼자 알아서 하도록 내버려두는 게 야속했는데 막상 옥이 성적 얘기를 꺼내자 순식간에 나는 얼굴을 붉혔다. 알아서 하겠다고 옥의 말을 끊고 성적표를 신경질적으로 낚아챘다. 옥은 조용히 방으로 잠시 들어갔다 나오더니 나를 향해 소리를 질렀다.
"내가 니를 그렇게 키웠드나?!!"

처음 듣는 목소리, 처음 보는 표정이었다. 얼어붙은 채 멀뚱히 옥을 쳐다보았다. 고함을 치는 옥의 눈에 눈물이 고이기 시작했다. 나는 내 방으로 들어가 문을 닫고 잠가버렸다. 복잡한 마음에 나도 눈물이 나기 시작했다. 옥의 낯선 얼굴이 계속 잔상처럼 남았다.

연이은 초상을 치르고, 큰돈을 들여 차린 식당이 망하고, 해외로 돈을 벌러 나간 남편도 곁에 없이, 이제 갓 초등학교를 졸업한 아들과 홀로 남았다면. 그 시절 죽음을 풍겼던 옥이 이제야 조금씩 보인다.

하필 1997년에 옥은 그때까지 모아둔 돈으로 식당을 차렸다. 남동생을 갑자기 떠나보낸 지 얼마 지나지 않은 때였다. 오래 다닌 의상실을 그만두고 방 다섯 칸, 잔디가 있는 마당, 주차장까지 딸린 큰 전원주택을 임대했다. 거금을 투자해 건물 전체를 리모델링했고 1층은 식당, 2층은 우리 가족이 생활하는 공간이 되었다. 의상실부터 쌓아온 동네 인지도 덕분에 식당은 금방 입소문이 났고 개업하자마자 성황을 이루었다.

식당을 시작한 우리 가족은 큰 변화를 맞았다. 오랜 해상 생활을 정리하고 기관장에서 주방장이 된 아버지는 육지에 발붙일 희망으로 밤낮없이 온 정성을 쏟았다. 아침잠이 유난히 많던 옥은 매일 새벽, 동트기도 전에 일어나 식재료를 사러 시장에 다녔다. 학교를 마치고 집에 돌아오면 내 방으로 가기 위해 손님으로 북적이는 1층을 지나쳐야 했다. 방과 후 돌아온 집에 혼자가 아닌 게 낯설었지만, 아버지와 한 팀을 이루어 일하는 옥을 보며 나는 이전에 몰랐던 안정감을 느꼈다.

새로운 일상에 익숙해질 때쯤 뉴스에 낯선 알파벳 조합이 연일 보도되었다. 97년 말 대한민국은 IMF라는 전례 없는 경제위기를 맞았고, 내로라하는 대기업과 금융권도 차례대로 무너졌다. 대규모 구조조정으로 많은 이들의 삶이 휘청거렸고, 운 좋게 회사에서 살아남은 사람들은 점심값을 절약하기 위해 도시락을 싸서 다녔다. 식당은 눈에 띄게 손님이 줄었고, 결국 부모님은 2년을 못 채우고 큰 빚을 떠안은 채 식당을 접었다. 얼마 쓰지 못한 업소용 주방기구는 보호 스티커를 떼기 전에 헐값으로 팔아넘겨야 했다. 아버지는 앞치마를 내려놓고 익숙한 기름 냄새가 나는 배를 타러 다시 바다로 나갔다.

천재지변처럼 찾아온 국가 부도의 날은 우리 가족에

게도 아픈 역사를 남겼고, 그때 옥의 나이는 40대 초반이었다. 설상가상으로 옥은 남동생에 이어 엄마도 떠나보내야 했다. 하나뿐인 아들을 갑자기 잃고 혼자 지내시던 할머니는 어느 날 아침 다시 눈을 뜨지 못했다. 그 시절 옥의 얼굴은 늘 부어 있었다. 나는 옥이 간신히 켜 있는 호롱불 같다고 느꼈다. 온 세상은 시끌벅적하게 새 천년을 맞았다. 나는 중학생이 되었고, 더는 걸어서 등교할 수 없는 곳으로 이사를 했다.

지각하지 않기 위해 일분일초를 다투던 어느 아침, 안방에서 나온 옥이 낯선 표정으로 말했다. 간밤에 꿈을 꾸었는데 아무래도 감이 좋지 않다고 엄마가 죽으면 교복 와이셔츠를 어디서 사야 하는지 일러주었다. 아침 인사를 대신한 난데없는 유언에 나는 잠시 말을 잃었다가 아침부터 웬 헛소리를 하느냐며, 짜증을 내고 서둘러 집을 나섰다. 정류장에서 버스를 기다리는데 옥의 말이 머릿속에서 떠나질 않았다. 옥에게서 느껴지는 슬픔이 내 안의 불안을 건드렸다. 옥에게 뱉고 나온 짜증은 불안을 숨기기 위한 연기였을지도 모르겠다 생각했을 때쯤 버스가 도착했다. 사람들로 가득 찬 만원 버스

안에서 참았던 울음이 터졌다. 좀처럼 이해되지 않던 눈물을 한참 흘리고 나서야 학교에 도착했다.

방과 후 어떻게 집으로 돌아왔는지, 그날 저녁 옥과 무슨 이야기를 나누었는지 전혀 기억나지 않는다. 분명 내가 가장 가까이서 옥이 풍기는 죽음을 맡았는데 그때 나는 왜 아무것도 하지 못했나. 그날 아침 꿈에 대해서, 슬픔에 대해서, 죽음에 대해서 나는 왜 옥에게 다시 묻지 못했을까. 차라리 옥 앞에서 울면서 왜 그런 말을 하느냐고 따지기라도 하지, 왜 못했을까. 그 시절을 돌아보며 어린 나의 멱살을 잡았다가 천천히 놓는다. 옥이 죽을 수 있다는 생각만으로도 온몸이 저리던 어린 나를 보듬는다. 가장 가까이에서 곁을 지키는 것이 최선이라는 걸 모르지 않는다. 그때의 나도, 지금의 나도 온 힘을 다하고 있다는 걸 안다.

일주일 만에 옥과 병원을 찾았다. 내성이 생긴 표적항암제 대신 두 달 동안 투여한 세포독성약물이 효과가 없었던 모양이다. 지난주에 찍은 CT 결과 복부 림프절이 더 커 보인다는 소견을 전해 들었다. 조 선생님은 다른 항암제로 바꾸어 처방을 내려주었다. 우리는 굳이 검사 결과에 관한 이야기를 나누지 않았다. 희망과 절망보다 값진 일상이 있다는 걸 굳이 말하지 않아도 안다.

옥이 2층 주사실에서 새로운 항암제를 투여하는 동안, 여느 때처럼 나는 원무과에서 수납을 마치고 보험 서류를 처리했다. 로비에서 책을 읽으면서 기다리다 한 시간 정도 지났을 때 2층 주사실로 향했고 완벽한 타이밍이었다. 이쯤이면 항암을 완료하고 옷을 챙겨 걸어 나오는 옥과 마주치는데 이날도 다르지 않았다. 우린 일과를 프로답게 해치우고 병원을 나섰다. 어김없이 늦은 점심이었다. 옥과 나는 고민할 것도 없이 단골 칼국숫집을 찾았다. 따뜻한 칼국수와 비빔칼국수 하나씩, 그리고 꼬마김밥 1인분. 이렇게 주문하면 둘이서 기분 좋게 나눠 먹을 수 있다. 다음 달이면 6개월 항차(배에서 화물을 하역한 때로부터 다음 화물을 하역할 때까지 이루어지는 작업 공정)를 끝내고 아버지가 돌아오니 셋이 올 때는 콩국수 곱빼기도 하나 추가해 먹자고 약속했다.

집으로 돌아온 옥이 죽음을 열심히 찾아보는 중이다. 출국 전 여행지를 미리 살피듯 이것저것 검색하느라 유튜브 알고리즘은 어느새 사후 세계, 임사체험 등등 관련 영상으로 빼곡하다. 인상적인 콘텐츠를 발견하면 내게 링크를 보낸다. 옥은 자주 말한다. 자신은 죽어가는 사람이 아니라 죽음을 맞이하는 사람이라고. 20여 년 전 어느 날 아침보다 지금 옥에게서 더 생기를 느낀다.

 엄마가 저물면 어디로 가게 될까. 그곳에서도 우리는 엄마와 아들로 만나게 될까. 엄마도, 아들도, 오래된 이름표가 사라지는 곳이라면, 나는 그제야 옥이 누군지 제대로 만날 수 있을까. 비로소 나는, 저물어가는 엄마가 슬픈 아들이 아닐 수 있을까. 마침내 우리는 다시 만날 수 있을까. 이곳의 시간을 기억할 수 있을까. 그곳에서 우리는 어떤 존재로 사랑하게 될까.

비생산적인 시간이 남긴 것

무대에서 연기하는 일은 내가 아는 가장 비생산적인 행위다. 나 자신과 관객에게 극 중 인물을 설득하기 위해 대본을 수없이 반복해 읽고 또 읽는다. 연출가가 원하는 그림을 주면 대사와 상황에 맞는 동선을 직접 몸으로 익혀야 한다. 공연에 포함되는 모든 요소를 고려해야 하는 리허설 과정은 더 지난하다. 무대 스텝들과 합을 맞춰도 여러 변수로 인해 전혀 새로운 방향으로 수정될 때도 많다. 이 반복을 백번 천번 한다고 해서 더 나은 공연이 보장되는 것도 아니다. 그렇게 수개월을 연습한 무대로 마침내 관객을 만나게 되지만, 어제의 공연이 오늘과 같을 수 없고 내일은 오늘과 다를 수밖에 없다.

필연적으로 똑같을 수 없는 무대 위 순간을 반복하는 역설. 단 한순간을 위해 허공에 흩어져 사라질 음 하나, 가사 한 줄, 대사 한마디를 수백수천 번 반복한다는 게 얼마나 비생산적인 일인가.

애석하게도 나의 20대 대부분을 이 지독히 비생산적인 일에 몰두했다. 연기에 매료되어 공연 예술을 전공으로 선택하고 미국 유학길에 올랐다. 나의 대학 생활은 크게 수업과 리허설로 나뉘었다. 매주 수업에서 발표할 장면이나 독백을 연습하느라 시간에 쫓겼고, 틈만 나면 빈 연습실에서 발성 연습을 했다. 수업이 끝나면 공연 리허설이 늦은 밤까지 이어졌다. 매 학기 오디션을 준비해서 얻어낸 배역으로 무대에 서는 일을 마치 신앙처럼 수행했다.

연기에 푹 빠져 있던 나를 옥은 말없이 지켜보았다. 배우가 되려는 아들을 말리지는 않았지만, 옥은 예술에 대한 내 열정을 그저 지나가는 것이라 여겼다. 옥은 뭐든 다 해보면 알게 된다는 주의였다. 답은 이미 정해져 있다는 듯한 옥의 태도가 나를 작아지게 했다. 어느 날의 친척 모임에서 옥은 나의 전공을 '오락'이라는 말로 소개했다. 문화 예술에 인색한 집안은 아니었지만, 예술은 타고난 사람이 해야 한다는 말을 들으며 자랐다. 예술가 집안도 아닌, 타고나지도 못한 내가 감히 예술을 해도 되는 걸까, 나는 자주 의심했다. '타고난 사람'이라는 표현은 나를 배제했고 아무리 열심히 한다 해도 나는 그 사람이 아니었다. 그럼에도 나는 가장 비생산적인 일을 멈추는 방법을 몰랐다.

"비생산적이다."

옥이 자주 쓰던 말이다. 무심코, 농담으로, 단호하게, 때론 서글프게. 이 표현을 다양한 맥락에서 들으며 자랐다. 시장에서 최적의 동선으로 장보기를 해낼 때도 "엄마는 비생산적인 거 싫다"로 쓰였고, 불필요한 지출을 줄이고는 만족스러운 미소와 함께 "우리가 비생산적인 건 안 좋아하잖아?" 하고 쓰이기도 했다. '비생산적이다'는 효율과 효용을 우선해야 하는 여유 없는 삶에서 비롯된 훈장 같은 말일지도 모르겠다.

생산 : 사람이 그의 정신적·육체적 노동을 직접 또는 간접으로 노동대상에 투입함으로써 유용한 재화나 용역을 만들어 내는 일을 가리키는 경제 용어

어머니라는 이름의 생산 주체를 떠맡은 옥은 백과사전에서 말하는 경제 용어를 말 그대로 성실히 수행하며 살았다. 넉넉지 않았기에 평생 '생산적'으로 살림살이를 해내야 했다. 생산적인 삶에 몰입한 태도는 마음의 일에도 영향을 주었다.

"옛날 얘기해봤자 무슨 소용이겠노. 비생산적인 생각은 안 해야지."

감사, 행복, 기쁨, 즐거움은 생산적이지만 불안, 슬픔, 화, 두려움과 같은 부정적인 감정은 비생산적이라고 여겼다. 옥은 속이야기를 한참 풀어놓다가도 끝에는 결국 '비생산적'이라는 표현을 가져와 서글픔을 덮었다. 내가 옥과 같은 표현을 자주 쓴다는 걸 어른이 되고 한참 지나서야 깨달았다.

"자꾸 이런 생각하는 제가 너무 비생산적인 것 같아 싫어요."

상담할 때 '비생산적'이라는 표현이 오랜 버릇처럼 자꾸 튀어나왔다. 감정을 돌아보는 일이 어색했고 생각과 감정의 차이를 구분하지 못했다. 감정에 서투른 나 자신을 참지 못하고 '비생산적이니까' '비생산적인데 굳이'의 태도로 살았다. 돌보지 못하고 방치된 감정은 마음속에 성실하게 쌓여 열을 낸다는 건 알지 못했다.

공연에 몰두하는 일은 미처 돌보지 못한 감정이 방출하는 열을 다스려주었다. 얽히고설킨 타래 같은 감정을 차분히 돌보기에는 속은 너무 뜨거웠고 나는 어렸다. 모조리 태워내고 싶은 오기와 비장함으로 가득 차 있던 시절. 지금 돌아보면 무대라는 공간에 몰두할 수밖에 없었던 건 '비생산적인' 감정 때문이었다. 가슴이 답답해 손에 잡히는 대로 다 꺼내어, 털어내고, 펼치고 싶었다.

무대 위는 감정이 유용한 재화가 되는 유일한 장소였다. 무대 밖에서는 꾹 참고 무시하라고 배운 감정을 무대 위에서는 합법적으로 표출할 수 있었다. 드물지만 무대 위에서 만나는 어떤 순간은 영원할 것만 같았다. 영원했으면 좋겠다는 마음이 죽어도 좋다는 마음과 일치했던 순간을 나는 생생히 기억한다. 생각지도 못한

곳에서 나는 숨구멍을 찾았다. 무대에 집착하던 그때의 나를 지금에서야 설명할 수 있다.

20대 대부분을 공연과 함께 보냈고 그 이후로 더 이상 무대를 서성거리지 않는다. 내가 무대 위에서 보낸 모든 순간은 찰나로 사라지고 없다. 흔적 없이 소멸했고 아무것도 남기지 않았다. 너무나도 완벽하게 비생산적인 시절이 막을 내렸다. 그 순간을 살아낸 몸만이, 나만이 유일한 증거라면 증거다. 무대 위 찰나에 기대어 영원의 마음을 흠모한 내가 지금의 내가 되었다.

언젠가 사라질 엄마 곁을 지키며 나는 가장 비생산적이었던 시간을 돌아본다. 죽어가는 엄마를 돌보며 다시는 반복되지 못할 순간에 몰입한다. 찰나 속에서 간절하게 영원을 바랐던 무대 위의 순간을 비로소 이해한다. 나는 사라지는 엄마 곁에서 가장 비생산적인 일을 반복한다.

엄마를 쓰다가

 항암 치료는 3주 만에 어김없이 돌아왔고 나는 병원 가기 며칠 전 부산으로 내려왔다. 6개월 항차를 끝낸 아버지까지 우리 식구가 모두 오랜만에 한자리에 모였다. 전부 모여도 고작 셋인 엄마와 나, 아버지가 함께하는 집밥은 우리에게 일상보다 이벤트에 가깝다. 매번 아버지 휴가가 시작되고 맞는 첫 끼는 조금 어색하긴 해도 이제는 그 어색함마저도 익숙해진 지 오래다.

 저녁밥을 한 숟가락씩 뜨고 별스럽지 않은 안부를 주고받다 보니 예열이 완료됐다. 불씨가 붙은 대화는 활활 타오르고 서로의 이야기를 저마다 쏟아내기 시작했다. 한참을 떠들다 보니 이번에는 기록을 제대로 깬 듯했다. 시계가 세 시간을 훌쩍 넘어 가리키고 있었다. 과장되게 고갤 내저으며 서로를 징그러워하는 척했지만 사실 속으로 알고 있었다. 우리가 대화 속에서 서로를 향해 안전하게 기대고 있다는 걸. 있는 그대로 마음을 꺼내놓는 일이 이제는 가장 빠른 길이 되었다는 걸.

각자 오래도록 고집해온 배려가 엉킨 미로에서 서로의 진심을 헤매던 시절로 셋 중 누구도 돌아가고 싶지 않았다. 엄마가 아프고 나서야 시간은 유한해졌고, 서로의 마음이 교차하는 기쁨이 공통의 것이 되었다. 우리가 필사적으로 성취한 생기. 그 생기와 맥주에 취해 나는 이날 기분 좋게 잠들었다.

다음 날 아침 일어나보니 엄마 목소리가 많이 잠겨 있었다. 자기 전 갑작스럽게 찾아온 통증으로 밤새도록 고생했단다. 엄마는 오른쪽 등 아랫부분이 찌르듯 아파 와 진통제를 먹었지만, 소용없었다는 말을 아침 인사로 대신했다. 아픈 건 참고 숨기는 것이 기본값이던 엄마의 변화가 반가웠지만 한편으로는 이전에 없던 엄마의 통증이 걱정되었다. 반가움과 걱정이 마음 하나에 섞일 수 있다는 게 새삼스러웠다.

 진통제 부작용으로 메스꺼움까지 덩달아 찾아왔다. 엄마는 아침, 점심 식사도 건너뛰더니 하루 종일 침대에서 일어나질 못했다. 안쓰러워 당장 병원에 가보자 했더니 어차피 내일 가는 병원, 예정대로 움직이자 했다. 앙다문 입으로 이마에 식은땀을 닦아내는 엄마를 더 설득해보려다 속에 머금은 말을 그냥 삼키고 조용히 방문을 닫아주었다.

 엄마 몫의 수저를 치우고 아버지와 단둘이 먹는 밥상이 눈에 띄게 조용했다. 숫자로 치면 하나가 빠졌고, 우리 가족 과반수 이상이 함께하는 밥상인데 어제와는 너무 달라 조금 슬퍼졌다. 엄마의 투병이 시작되고 일희일비하지 말자고 수없이 다짐했건만 하루치의 기쁨 뒤에 하루짜리 슬픔이 아직 익숙하지 않다. 머리로는 완치는 언감생심이고 통증이 아예 없길 바라는 건 터무니없다는 걸 알아도, 밤새 엄마가 조금 덜 아프면 좋겠다고 생각했다. 내내 맴돌던 생각이 꼬리를 물어 그날의 기도가 되었다.

엄마를 쓰지 않을 수 없었다. 한동안 글을 쓰려고 하면 자연스럽게 엄마가 흘러나왔다. 한참을 쓰다가 어느 순간부터 엄마를 옥으로 쓰고 싶었다. 엄마를 엄마가 아닌, 있는 그대로 보고 싶었다. 그런데 결국 엄마를 다시 쓰고 있다.

엄마가 이름표 때문에 슬펐던 건 아닐지 혼자 마음대로 상상했다. 누군가의 딸, 아내, 며느리, 그리고 엄마. 자식이 하나밖에 없는 엄마는 나 말고 당신을 '엄마'라고 부를 사람은 없다. 내가 있어서 엄마는 엄마가 되었고, 엄마다. 엄마라는 이름표만이라도 없다면, 엄마가 조금 홀가분해질 수 있을까 순진하게 생각했다. 그래서 엄마를 열심히 쓰면서도 엄마를 애써 지우려 했다. 그렇게 쓰고 또 쓰고 돌고 돌아서 결국 엄마다.

"그래라, 그건 네 버전의 나니까."

내가 엄마에 관한 글을 써도 괜찮을지 물었더니 엄마는 이렇게 답했다. 처음엔 섭섭했는데 나는 이 대답에 기대어 엄마를 조금 수월하게 쓸 수 있었다. 엄마를 쓸 때마다 되뇌었다. 그래, 이건 내가 쓰는 엄마지. 애초에 나에게 엄마인 존재를 엄마가 아닌 누군가로 쓰려고 했다는 건 무모했을 수도.

그래서 이렇게 쓰고 또 쓰고 돌고 돌아서 엄마를 쓴다. 저물어가는 엄마를, 스러져가는 엄마를, 그러다 한순간 붉게 작열하는 엄마를, 그 모든 엄마를 쓰고 또 쓴다. 결국 해가 지고 어두운 밤이 찾아오겠지만 저물어가는 풍경을 가장 선명히 기억하려는 마음으로.

삶의 재발명

 마침내 엄마는 치료를 그만하자 했다. 다음 진료에 조 선생님을 만나면 항암을 그만두겠다는 얘기를 하겠다고 했다. 나는 엄마의 결정을 응원하며 그러자고 했다. 내가 다른 말을 덧붙였는지는 기억나지 않는다.

 진료가 있던 날, 나는 평택에서 근무 중이었다. 아버지가 엄마와 동행해 진료 시간에 맞춰 병원에 도착했다. 아버지가 주차를 하는 동안 평소보다 일찍 엄마의 순서가 되었다. 엄마와 조 선생님 둘만의 짧은 면담을 끝으로 3년간의 길고 길었던 항암치료가 종료되었다. 나는 퇴근하자마자 엄마에게 전화를 걸었다. 조 선생님과의 대화를 복기하며 그때의 감정을 전하는 엄마의 목소리에서 에너지를 느꼈다. 선생님은 엄마에게 지금껏 버티신 것만 해도 대단하신 거라며 그동안 정말 최선을 다하셨다고 말해주었다고 했다. 계속 치료하자고 설득하면 무슨 말을 어떻게 해야 하나 고민했던 엄마는 선생님의 말이 그렇게 고마울 수 없었다고 했다. 어느 하나 틀린 말이 없었다. 엄마는 고비마다 포기하지 않았고 더 버틸 수 없을 만큼 버텼다.

엄마가 치료를 계속했으면 하는 마음과 치료 중단을 선택한 엄마를 존중하는 마음은 사실 같은 거였다. 엄마가 더는 힘들지 않기를 바라는 마음. 그러나 어느 쪽으로나 더 이상 고통을 피해 갈 수 없다면, 엄마가 원하는 방향으로 함께 가는 게 옳다고 믿었다. 엄마의 항암 졸업을 축하하며, 혼자 겪어낼 수밖에 없었을 시간을 견뎌줘 고마웠다고, 나는 엄마의 선택을 응원한다는 말을 진심을 다해 전했다. 다른 복잡한 마음은 내가 알아서 해결하면 될 일이었다.

내가 동행했다고 결과가 달라졌으리라 생각지 않는다. 다만 병원까지 같이 간 아버지가 진료에 들어가지 못했다는 사실을 참기 힘들었다. 나는 엄마와 아버지, 두 사람에게 이 면담이 중요한 시간일 거라 확신했다. 그날 아침, 아버지에게 안부 문자를 하며 엄마와 조 선생님과 허심탄회하게 이야기를 나누고 알려달라고 했다. 상황은 예상대로 흘러가지 않았다. 주차를 하고 엄마를 찾았을 땐 이미 진료가 끝난 후였다며 아버지는 자책했다. 고의가 아닌 걸 아는데도 나는 내 안에 고양된 감정이 무엇을 향한 것인지 알 수 없었다. 엄마가 치료를 중단했다는 사실이, 마침내 올 것이 왔다는 게 받아들이기 힘들었을까. 결정적인 순간마다 부재한 것처럼 느껴지는 아버지가 원망스러웠을까. 엄마의 결정을 존중한다고 하면서 직접 동행하지 못한 내 자신이 못마땅했을까. 이 선택이 가져올 불행을 누구도 책임질 수 없다는 것이 두려웠을까.

나는 조 선생님에게 따로 전화를 걸었다. 무엇을 더 확인하고 싶었는지 모르겠다. 선생님은 가장 먼저 엄마의 결정이 나와 상의된 것인지 확인했다. 나는 그렇다고 답했다. 조 선생님은 엄마가 많이 지친 상태인 것 같다고, 이런 상황에서 치료를 더 해보자 설득하는 건 도움이 되지 않는다고 말했다. 일단 치료를 중단하고 나중에 혹시라도 마음이 변하면 언제든지 다시 알려달라고 했다. '마음이 변하면'이 목에 가시처럼 걸렸다. 나는 알았다. 엄마 마음이 변할 일은 없다는 걸. 조 선생님이 엄마를 어떻게든 설득해주길 비밀스럽게 바랐는지 모르겠다. 속에서 많은 말이 떠올랐지만 꺼내놓지 못했다. 끝없는 가능성의 지푸라기를 붙잡기에는 우리 모두 지쳐 있었던 걸까. 짧은 인사를 건네고 통화를 종료했다.

서둘러 다시 부산을 찾았다. 엄마의 몸 상태는 이전보다 더 예측하기 힘들었다. 어지러움과 메스꺼움 때문에 끼니를 챙기기 어려웠고, 식사를 하다가도 소화가 되지 않아 가슴을 움켜쥐었다. 그러면 아버지는 익숙하게 자리에서 일어나 엄마 등을 두드렸다.

통증은 몸을 폐쇄 공간으로 만들었다. 진통제도 소용없는 날에는 엄마는 자신의 몸 안에 갇혀 탈출하지 못하는 사람처럼 보였다. "언제까지 이렇게…" 점점 지쳐가는 엄마가 내뱉는 비관의 언어는 아버지에게 슬픔으로 닿았다. 아무것도 할 수 없다는 무기력함은 가장 가까이 있을 때, 가장 크게 실감하게 된다. 퇴직을 결정하고 엄마 곁을 지키는 아버지를 보며 나는 안쓰러움을 느꼈다. 엄마의 작은 반응 하나하나 놓치지 않고 살피는 아버지는 이미 그의 최선에 도달해 있었다.

엄마는 다른 국면에 접어들었고, 아버지는 나의 결정을 기다렸다. 지금까지와는 전혀 다른 도움이 필요하다는 걸 머리로는 알았지만 마음이 쉽게 움직이지 않았다. 내가 직접 알아보고 판단을 내려야 했다. 나의 선택이 엄마에게 최선이 되는 상황이었다. 의사에게만 있는 줄 알았던 책임의 무게가 내게 주어진 듯했다.

나는 서둘러야 한다는 걸 알았지만 움직일 수 없었다. '호스피스'라는 단어를 타이핑하는 것조차 쉽지 않았다. 내 삶에 전혀 접점이 없던 단어를 직면하자 몸이 굳었다. 하지만 이 단어가 일으키는 슬픔에 하루라도 빨리 익숙해져야 했다. 외면할수록 먼 길로 돌아간다는 걸 알았다. 나는 나에게 충분히 슬퍼할 시간을 허락했다.

이틀이 지나고 슬픔이 잠잠해질 때쯤 나는 숨을 참고 물속에 머리를 집어넣는 마음으로 '호스피스'를 검색하기 시작했다. 부산에 있는 완화의료센터를 하나씩 비교하며 시설을 살폈다. 그중에 가정형 호스피스를 지원하는 병원을 골라 면담 예약을 서둘러 잡았다.

엄마와 아버지, 나 셋이서 병원을 함께 찾았다. 첫 대면 진료는 성공적이었다. 완화의료학과 담당 선생님은 다소 피곤한 얼굴이었지만 상냥한 말투로 엄마에게 인사를 건넸다. 이야기를 듣다가도 꼼꼼하게 질문을 하는 모습이 섬세한 사람 같았다. 우리가 하는 질문에도 성의껏 대답해주었다. 막연한 불안이 많이 해소되었다.

며칠 지나지 않아 가정형 호스피스 방문 첫날이 되었다. 사회복지사 수녀님과 간호사 한 분이 한 팀을 이루어 집으로 찾아왔다. 아픈 와중에도 엄마는 거실까지 나와 두 분을 반겼다. 수녀님은 미카엘이라고 자신을 소개하며 수면 양말, 구강 스프레이 등이 담긴 케어 키트를 선물로 건넸다. 엄마가 취향껏 꾸며놓은 집을 둘러보며 감탄하던 박 간호사님은 편안하게 대화를 이끌어주었다. 두 분 모두 처음 만난 사람 같지 않았다. 엄마는 하얀 수도복을 입고 들어오는 수녀님을 보고 천사가 들어오는 줄 알았다고 농담까지 했다. 생각보다 편안하게 대화를 나누는 엄마를 보면서 안도했다. 조용하고 과묵한 이미지를 상상했는데, 예상과는 다른 밝은 에너지의 수녀님이 엄마와 잘 맞아 보였다.

박 간호사님은 아버지와 내게 호스피스가 제공하는 의료 처치에 대한 설명과 더불어 보호자 마음 건강의 중요성을 강조했다. 사회복지사 수녀님이 동행하는 이유도 환자뿐만 아니라 완화치료를 함께 겪어가는 가족들 마음을 돌보는 일이 중요하기 때문이라고 알려주셨다. 실제로 호스피스 병동에는 보호자를 위한 요가 수업, 그림 그리기 워크숍 등과 같은 프로그램이 마련되어 있었다.

설명을 듣고 있는 아버지 표정이 오랜만에 편해 보였다. 필요할 때 도움을 청할 수 있는 사람이 생겼다는 것이 아버지와 나에게는 큰 힘이 되었다. 나중에야 깨달았지만, 엄마뿐만 아니라 아버지와 내가 수녀님과 박 간호사님에게 얼마나 의지했는지 모른다. 이전 병원에서 항암 중단을 결정한 뒤부터 길을 잃은 것 같았는데, 마치 에베레스트 등반을 앞두고 셰르파를 만난 기분이었다.

다음 날 나는 다시 평택으로 돌아왔다. 부산에 더 머물 수 있었지만 엄마가 부추겼다. 엄마 곁에서 보내는 시간이 내 일상이 되었는데, 엄마는 자꾸 내가 일상으로 돌아갔으면 좋겠다고 했다. 돌봄을 받는 일에 훨씬 편해진 엄마지만 자신 때문에 아들이 매여 있다는 생각을 지우기 힘든 모양이었다.

그런 마음을 알기에 나는 억지로라도 나만의 시간을 챙겼다. 친구들과 짧은 여행을 떠나고, 글쓰기 모임도 꾸준히 참여했다. 직장에서 상황을 많이 배려해주었지만 업무도 소홀히 하지 않았다. 엄마로 인해 아들의 삶이 무너지지 않는다는 걸 보여주려 나는 나를 더 악착같이 챙겼다.

엄마의 돌봄을 아버지에게 믿고 맡기는 것도 나를 챙기는 일이었고, 나를 잘 챙기는 건 결국 엄마를 돌보는 일과 연결되었다. 우리는 그렇게 돌봄으로 연결되었다. 분명 어렵고 힘든 일이지만, 돌봄의 순환 속에서 서로가 서로에게 기대는 동시에 서로에게 힘이 되는 순간이 있다는 걸 나는 몸으로 배워갔다.

부산에 갈 때면 엄마와 시간을 어떻게 더 잘 보낼 수 있을지 머리를 굴렸다. 하루는 엄마를 프라이빗 영화관에 데려갔다. 의자에 오래 앉아 있는 게 힘들어 영화관을 피했는데, 구분된 객실 공간을 예약하니 엄마는 신발 벗고 편한 자세로 영화를 즐길 수 있었다. 통증이 심해 움직이기 힘든 날에는 엄마 곁에 누워 책을 읽어보기도 했다. 나는 변해가는 엄마를 위해 새로운 일상을 발명해야 했다. 피할 수 없는 변화 앞에 일렁이는 불길한 마음에 사로잡혀 있을 시간이 없었다.

어느 날엔 둘이 나란히 앉아 노트북으로 영상을 시청하고 있었다. 엄마가 좋아하는 여행 유튜버였는데 소리가 작았는지 엄마는 귀에 걸린 산소호흡기 줄을 이어폰인 양 눌렀다. 아무리 눌러도 소리가 커지지 않자 의아하다는 표정을 지으며 엄마가 나를 쳐다보는데, 나는 그 순간이 너무 웃겨서 웃음이 터지고 말았다. 처음엔 당황하던 엄마도 상황을 파악하고 나를 보고 따라 웃기 시작했다. 우리는 그날 그렇게 한참을 웃었다.

나는 이 순간을 회상하며 행복이라는 단어를 떠올린다. 과하다고 느껴 잘 쓰지 않았던 단어가 가장 잘 어울리는 순간이었다. 같이 마주 보고 웃을 수 있는 순간은 분명 행복이었다. 우리 앞에 놓인 시간이 쉽게 불행으로 치부되는 삶이란 걸 모르지 않았다. 포기해야 하는 것이 많았지만, 일상을 부지런히 골라내는 일은 포기하지 않았다. 역설적으로 그 어느 때보다 삶이 소중해졌다. 죽음을 앞둔 삶도 여전히 삶이었고, 죽음을 포함한 삶이야말로 완전한 삶이 되었다.

아주 깊은 잠 *

 아버지 연락을 받고 부산 집까지 어떻게 갔는지 잘 기억나지 않는다. 평택에서 일하다 전화를 받았고, 바로 기차 예매를 한 뒤 반차를 쓰고 곧바로 나왔고, 택시를 불러 기차를 탔고, 부산역에 내려서는 지하철을 탔다. 택시를 타지 않은 이유는 서둘지 말라는 아버지의 당부 때문이었다. 아버지는 엄마가 간밤에 통증이 심해 수면 제를 많이 먹은 것 같다며 아침에 발견할 때만 해도 의

---

* [경고] 다음 글 속에는 자살에 대한 묘사가 포함되어 있습니다. 제 이야기가 결코 독자의 안전보다 중요하지 않습니다.

식이 없었는데 천천히 반응하는 것 같다고 전했다.

"서두르지 말자."

나는 굳이 목소리를 내어 혼잣말을 했다. 서두를 필요가 없는 상황이라는 걸 최악은 아니라는 말로 알아들었다. 통화 중에 아버지가 단어를 고르며 머뭇거리던 순간이 떠올랐다. 내가 생각한 단어는 나오지 않았다. 어떤 단어는 뱉고 나면 견디기 힘든 진실이 될까 봐 속에 머금게 된다.

부산 집에 도착하니 이미 담당 의사가 다녀간 다음이었다. 엄마 상태를 파악한 의사 선생님의 제안에 따라 입원하기로 했다. 내가 부산으로 내려오는 동안 병실이 마련되었다는 연락을 받았고, 119 말고 사설 구급차를 이용해야 불필요한 응급실 프로토콜을 피할 수 있다고 안내받았다. 응급실이 필요 없는 상황이라는 건 다행히 위급한 상황은 아니라는 것, 즉 불행히도 엄마의 자살 시도가 실패했다는 의미였다.

나는 지금 자살이라는 단어를 쓰는 걸 망설인다. 자살과 거의 동시에 떠올린 '극단적 선택'도 적절치 않다.

'극단적인 상황에 내몰려 어쩔 수 없이 내린 최후의 결정'은 내가 알고 있는 사실과 다르다. '극단적 선택'이라는 표현을 자제해야 한다는 의견에 '자살위기극복 특별위원회'는 권고사항을 발표했는데, "자살은 결코 개인의 선택일 수 없다"는 발표의 취지는 내가 이해하는 진실과 다르다.

나에게 엄마의 자살은 사건이 아니고 이야기다. 그렇다. 이것은 선택에 관한 이야기다. 나는 엄마의 주체적 선택에 관한 이야기를 쓰고 있다. 아버지가 발견한 엄마의 유서는 이렇게 시작한다.

2024년 7월 15일. 여기까지 너무 행복했네.

7월 15일 밤. 엄마는 언제부터 이 순간을 준비했을까. 죽음을 맞이한다고 말하던 엄마는 언제부터 이 하루를 계획했을까. 수면제를 충분히 모으기까지 얼마나 걸렸을까. 확실한 흡수를 위해 수면제를 잘게 부수고, 한편에 칼을 준비하고, 혹시 방에 들어오던 아버지가 흥건한 바닥에 미끄러져 다치지 않을까 겹겹의 수건을 미리 깔아두고.

엄마를 만나러 일본에서 방문한 친척들이 돌아가고 일주일이 지난 뒤였다. 나는 부산에서 지내다 평택으로 돌아온 지 나흘째 되던 날이었다. 아버지는 매일 아침 엄마 상태를 문자로 알려주었는데, 7월 15일 메시지는 '아들, 기쁨이 있는 아침'으로 시작한다.

> 장장 8시간 수면하고 깨어난 여인의 얼굴은 어떨지 상상하라. 이런 잠을 아픔 없이 잤다고 방긋.

오랜만에 엄마가 통증 없이 숙면했다는 메시지를 확인하고 나는 깊이 안도했다. 퇴근하고 엄마에게 전화했더니 목소리가 가볍고 밝았다. 엄마는 초복이라 이모를 집으로 불러 삼계탕을 나누어 먹었다고 했다. 한동안 밥을 제대로 먹지 못하던 엄마가 삼계탕이라니. 짧았지만 기분 좋은 통화로 기억한다. 통화 말미에 보통 "잘자, 아들"이라고 인사하는 엄마가 굳이 내 이름을 불렀다. 이름을 불러주는 엄마가 조금 낯설고 괜히 애틋해서 전화를 끊고 잠시 멍하게 서 있었다. 모든 것이 제자리에서 편안해서, 평범해서 고마운 저녁이었다. 이 찰나를 수도 없이 반복해서 돌려보게 될 줄은 그때의 나는 알지 못했다.

부산 집은 현관과 안방이 마주 보고 있다. 집에 가면 엄마는 내가 현관에서 신발을 벗기도 전에 달려 나와 반겨주었다. 아프고 나서는 안방에 얼굴을 내밀면 세상 기쁘게 나를 맞아주곤 했다.

7월 16일. 엄마가 집에 온 나를 알아보지 못한 날.

엄마는 침대에 축 늘어져 있었다. 나는 침대에 걸터앉아 엄마를 일으켜 안았다. 엄마는 혼자 중력을 몇 배로 느끼고 있는 사람 같았다.

어깨 너머로 아들 왔다고 눈 좀 떠보라는 아버지 목소리에 그제야 엄마 얼굴이 느리게 움직였다. 안간힘을 쓰는 듯했지만, 눈꺼풀은 열리지 않았고 눈썹과 입꼬리만 올라갔다. 엄마는 무의식에서도 옅은 웃음으로, 남은 기력으로 나를 반겼다. 아들이라는 말에 엄마가 반응한다며 아버지가 기뻐했다. 몇 시간을 아무리 불러도 미동도 없었는데 좋아졌다고 가슴을 쓸어내렸다.

나는 사설 구급차를 불렀다. 엄마는 의식이 있는 듯하면서도 없는 것처럼 보였다. 가만히 두면 어딘가로 가라앉는 것 같았다. 오직 통증만이 엄마를 반응하게 했다. 나중에 안 사실이지만 엄마는 이 모든 걸 기억하지 못했다. 수면제를 삼켰고, 손목을 긋기 전 의식을 잃었고, 눈을 뜨니 병원이었다.

구급대원 두 명이 도착해 구급용 스트레처를 침대와 나란히 놓았다. 깔고 자는 이불을 통째로 들어 엄마를 들것에 실었다. 느리게 움직이던 얼굴이 통증으로 빠르게 찌푸려졌다. 여전히 눈은 뜨지 못했다. 구급대원을 따라선 나는 엄마의 손을 놓지 않고 현관까지 이동했다. 벗어둔 지 얼마 되지 않은 신발을 다시 신고 집을 나와 병원으로 향했다.

엄마는 요구하는 일이 어색한 사람이었다. 항암 치료 중에도 주치의 안부를 물을지언정 어디가 어떻게 아픈지 구구절절 먼저 말하는 환자도 아니었다. 누가 물어봐야 마지못해 하는 대답도 시원치 않아 내가 동행하는 날이면 옆에서 꼭 몇 마디를 거들었다. 그런 엄마가 진료가 끝나기 전에 매번 수면제를 요청하는 걸 잊지 않았다. 할 때마다 익숙하지 않은 듯, 늘 어색한 웃음을 버무린 "선생님~ 수면제 충분히~ 좀 부탁드릴게요~"에는 특유의 저자세가 깔렸었다. 그러면 선생님은 다음 항암 치료까지 먹을 수 있는 최대한의 수면제를 처방해주었다.

잠을 잘 못 자는 엄마를 당연하게 생각하며 자랐다. 언젠가 물어보니 엄마는 시집간 후 불면증이 생겼다고 대답했다. 오래전 돌발성 난청으로 생긴 오른쪽 귀 이명 또한 수면에 전혀 도움이 되지 않았다. 잠자리가 바뀌면 밤을 꼬박 새우는 날이 잦았고, 여행을 가면 수면제는 필수로 챙겨 다녔다. 내 기억이 맞는다면 엄마는 집에서도 잘 자야 네다섯 시간이었다.

7월 15일은 엄마가 간밤에 한 번도 깨지 않고 여덟 시간을 넘게 자고 일어나 맞이한 흔치 않은 하루였다. 엄마는 이날을 완벽하고 충만했던 기분으로 기억했다.

7월 15일. 아주 깊은 잠을 계획한 날.

"잘 자라, 강원아."

다시 떠올려봐도 통화 끝에 이름을 부르는 엄마가 낯

설다. 정말 나는 다른 어떤 것도 눈치채지 못했나. 다시 그 순간으로 돌아가 찰나를 샅샅이 뒤져본다. 그게 전부였을까. 통화 기록을 열어봤다.

7월 15일. 4분.

엄마와 내가 나눈 그 모든 시간 중 4분. 엄마만 마지막 통화인 걸 알았던 4분. 내게 인사다운 인사를 하지 않고 엄마 마음대로 날을 잡아버리다니. 내게 귀띔해줄 순 없었을까. 그랬다면 나는 어떤 말을 했을까. 인사다운 인사란 무엇인가. 엄마가 살아있어 다행이다.

1층에서 입원 수속을 완료하고 801호로 배정받았다. 병원 침대 사이로 삐져나온 익숙한 격자무늬 이불이 낯설게 보인다. 초여름 밤인데 병실이 매우 습하다. 엄마가 내 곁에서 잠을 자고 있다.

죽고 싶은 마음 곁에서

 죽고 싶다는 마음을 정면으로 마주한 건 2021년 봄이었다. 사랑하는 얼굴을 떠올리는 것조차 버거울 만큼 나는 완전히 소진되어 있었다. 그저 모든 연결을 끊어내고 사라지길 절실하게 바랐다. 그런 바람을 품고서야 나는 내 편이 될 수 있었다. 비로소 내 편이 된 나는 나의 소원이 궁금했다. 내가 나에게 처음으로 질문을 던졌다.
 "네가 지금 가장 원하는 게 뭐야?"
 대답은 간단했다. 죽고 싶어.
 내가 내게서 들은 최초의 진심이었다. 내가 모를 리

없는 나의 진심은 오래 방치된 마음을 들추었다. 그때부터 눈물이 멈추지 않았다. 공원을 나와 한참을 서성거리다 목적지 없이 무작정 걸었다. 그래, 그러면 어떻게 죽을 수 있을까. 죽을 방법을 구체적으로 생각하려니 익숙한 얼굴들이 끼어들었다.

얼굴 하나, 얼굴 둘.

얼굴 셋.

이 얼굴들에 슬픔을 남기지 않고 떠날 방법은 없을까.

계속 걷고 또 걸었지만 그런 방법은 세상에 없었다. 걸음마다 얼굴 하나씩 떠올랐다. 어떤 얼굴은 떠오르자마자 눈물이 앞을 가려 머릿속에서조차 형상이 흐릿해졌다. 내가 죽고 싶어도 죽을 수 없는 얼굴, 너무나 분명하고 선명한 얼굴. 엄마였다. 하루만 더 살아볼까.

집으로 돌아가는 길에 사치스럽게 초밥과 와인 한 병을 샀다. 허기를 느꼈고 거실에 앉자마자 아무 생각 없이 해치웠다. 배가 불렀고 잠이 들었다. 눈을 떠보니 다음 날이었다. 간신히 하루가 흘렀다. 그런 하루도 시간으로 쌓여 세월이 되었다.

2024년 여름, 엄마는 3년의 폐암 치료 끝에 항암 중단을 결정했다. 더 이상 병원은 없다고, 꼭 집에서 죽고 싶다는 엄마의 마음을 잘 알기에 나는 가정형 호스피스를 알아보았다. 부산에서 가정형 호스피스를 제공하는 병원은 많지 않았다. 집에서 꽤 떨어진 병원이었지만 신속하게 외래 진료를 통해 등록 절차를 완료했다.

일주일에 한 번 간호사와 수녀님이, 한 달에 한 번은 의사가 집으로 찾아왔다. 다만 가정에서 지원받을 수 있는 의료 처치에는 한계가 있었다. 방문마다 혈액 채취나 수액 주사는 가능했지만 진통에 관련된 주사 처치는 가정형 호스피스에서는 허용되지 않았다.

매일 두 번 먹는 마약성 진통제는 오심과 구토와 같은 부작용을 일으켰다. 진통 효과보다 부작용이 더 심한 날도 잦았다. 부작용에 적응될 때쯤에는 암성 통증은 보란 듯이 더 강해졌다. 진통제를 더 세게 처방받아 먹으면 다시 부작용이 반복되었다. 방문마다 의사 선생님은 더 나은 처방을 위해 입원을 권했지만 병원에서 죽지 않겠다는 엄마는 단호했다.

자살 시도가 실패로 끝나고 일반실에 입원 중이던 엄마가 결국 마음을 바꿨다. 집으로 돌아가지 않겠다고 했다. 담당 의사는 호스피스 병동에 입원해서 지내다가 상태가 호전이 되어서 퇴원하는 환자도 있다며, 집보다 의료진이 적극적으로 처치가 가능해서 몸도 마음도 더 편할 거라고 말했다. 엄마는 얘기를 끝까지 듣고 한 가지를 분명하게 물었다.

"선생님, 병원에서 식사를 안 하면 억지로 먹입니까."

"전혀요, 그런 걱정하지 않으셔도 됩니다."

엄마는 더 묻지 않고 입원을 결정했다.

호스피스 병동은 건물 제일 높이 위치한 10층이었다. 그동안 가정 방문으로 친분을 쌓은 박 간호사님과 수녀님 안내를 따라 비교적 수월하게 입원 수속을 밟았다. 우리는 간병 전문인이 3교대로 상주하는 다인실에 배정받았다. 엄마를 휠체어에 태워 병실로 들어가니 다른 세상에 도달한 느낌이었다. 상주 간병인과 담당 간호사가 엄마를 환영해주었다. 예상치 못한 환대에 순간 콧등이 시큰했다. 누구도 반기지 않는 듯했던 죽음으로의 여정이 어떤 의미가 되는 곳에 마침내 닿은 것만 같았다.

엄마는 수 간호사와 첫인사를 나누자마자 제일 먼저

식사와 영양제 거부 의사를 전했는데, 통증은 적극적으로 조절하되 곡기를 끊겠다는 결정을 조심스럽지만 분명히 표현했다. 보기 드문 엄마의 단호함에 나는 눈치가 보였지만, 엄마 얘기를 진지하게 듣던 간호사는 별다른 질문 없이 요구사항을 차트에 기록했다. 이곳은 죽음에 가까워지는 엄마를 슬프고 아프게만 보지 않았다.

오랜만에 엄마에게서 생기를 느꼈다. 죽고 싶어 하는 엄마가 내 곁에서 너무나 선명하게 살아있었다.

집에 가서 좀 쉬라는 엄마의 말에 등 떠밀려 병원을 나섰다. 주차장을 나와 첫 번째 좌회전을 돌기도 전에 눈가가 뜨거워졌다. 이상하다. 분명 병원에서는 아무렇지 않았는데. 썰물 없는 밀물이 밀려왔다. 해가 지기 직전에 저녁 어스름 풍경이 너무나 아름다웠다. 눈물이 더 쏟아졌다. 엄마를 두고 나온 것 같았다.

익숙한 현관에 들어서니 간이 조명이 집을 어설프게 밝혔다. 신발을 벗고 마주 본 엄마 방은 유난히 어두컴컴했다. 엄마 없는 집이 낯설고 엄마 없는 삶이 그려지지 않았다. 엄마에게는 내가 존재하지 않았던 삶이 있었지만, 내 삶에는 엄마가 존재하지 않았던 적이 없었는데. 주인 없는 방에 쓰러지듯 누워 한참을 울었다.

비로소 죽음이 삶이 되었다

호스피스 병동에 입원하고 엄마가 잠을 깊이 자기 시작했다. 집에서는 밤낮 가리지 않고 통증에 시달렸는데 병원에 오자 편한 표정으로 잠드는 날이 많아졌다. 오늘은 낮잠을 두 시간 넘게 자는 엄마를 보며 나는 기뻤고, 아버지는 염려했다. 깊이 잠든다는 건 죽음을 상상하게 한다. 엄마가 죽는다면, 아주 긴 낮잠을 자는 것이라 여기면 어떨까, 생각했다. 그때가 오면, 엄마의 길고 긴 낮잠이 기쁠까 아니면 나는 결국 슬프게 될까.

대학교 기숙사에 살 때였다. 엄마가 말도 없이 여행을 떠난 적이 있다. 며칠간 연락이 되지 않았던 적은 처음이었다. 나는 줄이 끊긴 연처럼 공중에서 맴도는 기분이었다. 엄마가 자유롭기를 바랐지만, 생각과 마음이 일치하지 않았다. 나를 향한 엄마의 최선을 의심한 적 없지만, 엄마가 어딘가로 떠나거나 사라진다면 오히려 그편이 엄마에게 더 나은 삶이지 않을까 슬프게 상상했다.

나의 불안을 돌볼 수 있는 나이가 되어서야, 엄마를 향한 내 마음의 기본값이 슬픔이라는 걸 알았다. 우울증을 진단받고 엄마에게 털어놓았을 때 엄마는 나를 임신했을 때 화창한 어느 날을 떠올렸다. 티 없이 맑은 하늘을 바라보며 느낀 어두운 마음을 기억해냈다. 사는 일이 막막해 우울과 나를 함께 품었던 시절을 자신의 잘못인 양 고백했다. 내 우울증은 엄마 탓이 아니라고 말했지만, 나는 서로 너무 닮은 슬픔에서 이상한 위로를 느꼈다.

살고 싶어서 죽어버리고 싶었던 시절이 있었다. 죽고 싶은 마음에는 미안함도 포함되었다. 돌아보니 이제껏 살아온 방식으로 남은 생을 사랑하고 살아갈 자신이 없었다. 완전히 소진된 상태였다. 사랑하는 얼굴조차 삶의 무게로 느껴져 모든 걸 뒤로하고 사라지고 싶었다.

우울은 최선을 다한 삶의 이면일지도 모르겠다. 흔히 죽음과 고립을 묶어 이야기하지만, 나는 죽음 곁을 한창 서성일 때 비로소 내가 연결된 존재라는 걸 느꼈다. 어떻게 죽을까 고민했을 때 깨달았다. 나와 연결된 얼굴들을 도무지 외면할 수 없었다.

엄마가 '다 살았다'라는 할 때마다, 나는 '죽고 싶다'를 들었다. 삶에 대한 체념으로 들려서 속으로 자주 슬퍼했다. 요즘은 나의 슬픔보다 그녀의 생에 눈을 맞추려 노력한다. 엄마는 엄마만의 방식으로 삶을 충분히 사랑했기에 죽음을 미련 없이 맞이하고 싶은지도 모르겠다. 죽음을 말하는 엄마에게서 설명하기 힘든 생의 에너지를 느낀다. 이제 엄마의 '다 살았다'를 다르게 듣는다. '있는 힘껏 사랑했다.'

오래도록 죽음 곁을 서성이던 우리가 호스피스 병동에 함께 도착했다. 매일 엄마는 죽음을 기다리고 기대한다. 오늘 아침, 엄마는 다시 눈을 떴다. 병원임을 알아차리고 깊은 한숨을 쉬었다.

"또 여기네."

"엄마…… 실망이 크제? 이왕 눈 뜬 거 오늘 내랑 잘 지내보자."

엄마는 드디어 나의 불편을 먼저 알아채지 않는다. 자세가 불편해 보여도, 밥때를 놓쳐도, 인상을 조금만 써도, 나의 불편을 나보다 먼저 알아채던 엄마가 이제 아무 말이 없다. 요즘 엄마는 잘 웃다가도 섬망이 생기면 불안이 높아져 경계태세가 된다. 그럴 때면 나는 보호자 침대를 더 가까이 붙여서 엄마를 꼭 껴안는다. 어제는 엄마가 내 손을 잡고 한 시간을 놓지 않았다. 이제는 내가 먼저 엄마의 불편을 먼저 알아차린다. 이 반전이 진심으로 기쁘다.

모든 슬픈 날들이 모여 오늘이 되었다. 삶이 죽음으로 가득한 엄마와 죽음을 말하지 않으면 삶을 이야기할 수 없다. 사랑만큼 죽음을 주고받는다. 엄마와 영정 사진을 함께 골랐다. 장례식에는 엄마 사진을 모아 프로젝터로 상영하기로 했다. 이것이 삶이 아니라면 나는 삶을 모른다. 비로소 죽음이 삶이 되었다.

해방 전선에서

 얼마를 더 기다려야 할까요. 분명한 방향감각으로 직진을 두려워 않던 엄마가 얼마나 더 많은 하루를 견뎌야 죽음에 가닿을 수 있을까요.

 아시다시피 엄마는 사람을 대할 때 꼭 눈을 마주치고 이야기합니다. 이야기 뒤에 숨겨진 마음을 기어코 읽어내는 바람에 잠 못 드는 날이 많았지요. 그렇게 사랑하기를 멈추지 못했던 엄마는 많이 지치고 또 지쳤을 겁니다. 삶에 사랑을 모조리 소진한 엄마에게 무엇을 더 바라길래 이렇게 길어지나요.

 요즘 엄마와 눈을 마주칠 때 혼자인 기분을 자주 느

깁니다. 엄마는 제가 모르는 방향으로 떠돌기 시작했어요. 지남력(자신이 놓인 상황을 시간적·공간적으로 바르게 파악하여 이것과 관계되는 주위 사람이나 대상을 똑똑히 인지하는 일) 상실이라고 부르는 엄마의 증상이 어쩌면 평생 숨겨왔을 불안의 민낯을 드러냅니다.

오늘 엄마는 아이처럼 목 놓아 울었네요. 엄마가 엄마를 부르며 우는 모습을 보게 될 줄 미처 상상해보지 못했습니다. 너무 놀란 저는 엄마를 있는 힘껏 끌어안았습니다. 그리고 엄마가 갓난아이였을 나를 달래며 지새웠을 수많은 밤을 기억해냈습니다. 포개진 귓가로 흘러드는 엄마의 흐느낌 덕분에, 저는 기억할 수 없는 순간을 기억하게 되었습니다. 얼마나 남은 걸까요. 마음의 준비만 되면 죽음이 순조로울 거라 믿었는데 그건 순진한 교만이었을까요. 엄마의 해방을 위해 저는 기꺼이 독립투사를 자처했는데, 광복이 까마득하게 느껴집니다. 그곳은 얼마나 더 먼 곳일까요.

나는 엄마의 해방을 바라고 또 바랐다. 기능을 잃어가는 몸으로부터, 덧댈 이야기가 없는 삶으로부터. 몸에 갇힌 엄마는 죽음을 껴안는 방식으로 삶의 마지막 매듭을 야무지게 묶었지만, 매듭은 자꾸만 풀리고 죽음은 달아난다. 나는 엄마의 해체를 목격한다. 꽁꽁 묶어둔 보자기가 맥없이 풀려 담아둔 이야기를 드러낸다.

20년 전 갑작스럽게 세상을 떠난 남동생의 이름을 마치 그날처럼 생생하게 불렀다가, 눈앞의 아들을 알아차리고서는 언제 그랬냐는 듯 두 손으로 내 얼굴을 더듬으며 해맑은 웃음을 터트린다. 맥락 없이 쏟아져 나오는 이야기를 타고 엄마는 기꺼이 슬퍼하고 기뻐하며 오롯이 본인만의 맥락을 살아낸다.

기력이 없는 날에는 웅얼거리듯 흘러나오는 엄마의 말을 알아듣기 힘들지만, 나는 그것이 이야기라는 걸 본능적으로 안다. 허공을 뚫어지게 쳐다보며 가리키는 엄마의 손가락 끝에는 엄마만이 아는 이야기가 상영되고 있을 테다.

엄마가 삶으로 통과한 이야기를 온몸으로 내보낸다. 이제껏 해보지 못한 방식으로, 더 이상 머금고 있을 수 없다는 듯. 그중 어떤 이야기는 기어코 내 안에 스며들고 만다. 엄마가 잠든 동안 나는 나의 일부가 되어버린 이야기를 붙잡은 채 기억하고 해석하고 해체한다. 엄마는 심연의 우물에서 자기만의 언어로 또 다른 이야기를 길어내고, 다시 깨어난 엄마와 나는 익숙하게 눈을 맞추며 다음 이야기를 기다린다. 우리는 그렇게 또 하루를 견디고 살아낸다. 해방 전선에서.

2부

**대책 없는
감각이
파도가 되어**

유일한 실감

엄마가 죽고 16일이 지났다. 사람들은 조심스레 저마다의 방식으로 말을 건다. 위로와 안부와 질문이 섞인 말을 건네고 나의 대답을 기다린다. 나는 대답한다. 적당하게. 너무 슬퍼 보이면 상대가 부담될까 싶어 솔직함은 삼가고, 너무 괜찮아 보이면 그러다 진짜로 내가 괜찮아질까 두려워 적당히 대답한다. 나는 이 슬픔이 옅어질까 봐 두렵다.

슬픔은 엄마가 없는 현실에서 엄마를 느낄 수 있는 유일한 감각이다. 엄마 영정 사진 앞에 피우던 선향의 연기처럼 슬픔이 피어오른다. 연기가 온몸을 덮쳐 어쩔 도리가 없는 날에는 몸에 짙게 밴 슬픔을 하루 종일 맡는다. 엄마를 떠올리면 슬픔은 가슴 중앙에서부터 시작된다. 맑은 물에 짙은 파란색 잉크를 한 방울 떨어뜨린 듯 슬픔이 퍼진다. 심지어 아름답기도 하다. 보이지는 않지만 선명하고, 맡을 수 없지만 분명하게 퍼져 나간다.

믿을 수 없다는 말을 혼잣말로 자주 한다. 엄마가 제법 긴 여행을 떠나 그저 연락되지 않을 뿐. 보고 싶지만 어떻게 참아보면 아무 일도 없었던 것처럼 어느 날 돌아올 것 같기도 하다. 만약 그런 일이 일어난다면, 이 모든 난리에 대한 어떠한 질문도 없이 나는 그저 엄마를 꼭 끌어안을 텐데.

실감이라는 단어는 '열매 실實'과 '느낄 감感'이란다. 엄마의 죽음이 실감 나지 않는다. 엄마는 '실'로 '감'할 수 없는 존재가 되었다. 더는 세상에 존재하지 않는 열매가 풍겼던 향기는 기억으로 되새길 수밖에 없다. 슬픔이 향처럼 퍼지고, 나는 엄마의 냄새를 떠올린다.

바다를 건너온 엄마 편지에 묻어난 엄마 향수 냄새. 엄마 방 옷장 속에서 맡았던 겨울 외투 냄새. 엄마에게 안기면 맡을 수 있던 품 냄새. 땀과 소독약이 섞인 환자복 냄새. 잠든 사이 호흡이 가빠지면 입이 말라서 나던 입냄새. 14일 전, 영원히 숨이 멎고 눈을 감은 엄마를 입관식에서 마주했을 때 거짓말처럼 사라졌던 몸 냄새. 의식이 끝나면 더 이상 만질 수 없는 엄마의 몸을 만지고 또 만지고, 더듬고 또 더듬으며 맡았던 냄새.

나는 그 차갑고 슬픈 냄새에 절어 난생처음으로 목놓아 울었다. 마침내 몸을 떠난 엄마의 해방에 기뻐서 터진 울음이라 믿었지만, 나를 떠난 엄마의 해방 앞에서야 비로소 쏟아낼 수 있던 내 슬픔은 통곡이 되어 흘러내렸다. 다음 날 나를 낳았던 몸은 재가 되었고 내게 사랑을 남기고 떠난 혼은 마리아가 되었다.

그렇게 엄마가 저물었다.

현실을 사는 방법

왼쪽 어금니 하나가 잇몸에서 떨어져 나왔다. 평생 내 몸의 일부였던 것이 순식간에 바깥으로 분리되었다. 완전히 이탈된 그 모양이 궁금했지만, 요즘 마음 상태로는 어금니까지 괜한 의미부여를 할 것 같아 꾹 참았다. 신경치료라는 걸 처음 해봤고 충치가 생겨 썩은 부분을 긁어낸 뒤 금까지 씌웠던 어금니였다. 보통 염증이 생겨도 며칠만 지나면 곧잘 회복됐는데 한 달 전부터는 좀처럼 부기가 가라앉지 않았다.

장례를 치르느라 정기검진을 놓쳐 뒤늦게 찾은 치과였다. 임플란트를 위한 발치가 필요했고 마취 주사를 놓기 직전에 의사는 내게 긴장되는지 물었다. 뭐라 대답했는지 기억나지 않지만, 살짝 웃었던 것 같다. 고작 발치 수술에 긴장이라는 말이 하찮게 들렸다. 지난 3년 동안 아픈 엄마 곁에서 너무 많은 처치와 통증을 목격했다. 엄마를 통해 손쓸 수 없는 고통과 죽음을 경험했더니 생의 감각이랄 것이 무뎌진 상태였다. 행여 수술이 잘못된다 해도 대수롭지 않을 것 같았다. 엄마 없는 삶을 살아내는 현실이 지금 내게 벌어진 가장 잘못된 일이었다.

엄마가 죽을 줄은 알았지만, 엄마 없는 현실을 사는 방법은 몰랐다. 나는 엄마의 죽음을, 엄마에게 남은 시간만 잘 치러내면, 엄마 없는 삶이 살 만한 것이 되는 줄 알았다. 그러는 동안 엄마 없는 삶을 견뎌본 엄마는 당신이 돌볼 수 없을 아들의 슬픔이 그리 길지 않기를 바라며 내게 당부했다.

"아들, 너무 오래 슬퍼하지는 마래이. 엄마 말 무슨 말인지 알제."

내가 대답을 했던가. 대충 고개를 끄덕였던 것 같다. 우리 둘 다 죽음을 준비하는 일이 무의미하다는 걸 알았지만, 앎과는 별개로 각자의 최선이 피할 수 없는 과정을 조금은 수월하게 만들기를 바랐는지 모르겠다. 그러거나 말거나 죽음은 일어났고 애석하게도 아는 일과 바라는 일 사이의 거리는 잔인하게 멀었다.

주삿바늘이 왼쪽 잇몸을 깊숙이 파고들었다. 따끔을 주의받았는데 찌릿과 저릿 사이를 느꼈다. 의사는 수술 부위를 몇 번 더 찌르고 장갑을 벗었다. 마취가 충분히 퍼질 때까지 기다려야 한다는 말에 나는 눈을 감았다. 찌릿하고 저릿하던 턱과 혀는 점점 얼얼해졌다. 얼얼한 감각은 차츰 넓게 퍼져나갔다. 입술이 마치 고무 덩어리가 되어 부풀어 오르는 듯했다.

감각을 차단하는 게 마취 아닌가. 평소에는 의식하지 못했던 입술이 새삼스레 존재감을 드러내는 게 희한했다. 동시에 생경한 감각에 집중하느라 잠시 엄마를 잊고 있었다는 사실을 알아차렸다. 엄마를 생각하지 않는 순간을 자각한 건 아주 오랜만이었다.

엄마가 죽은 날을 기점으로 내 삶은 엄마 생전과 사후로 분리됐다. 요즘 나는 엄마의 사후를 살며 생전의 엄마를 숨 쉬듯 기억한다. 볼 수도 들을 수도 없는 엄마를 이제는 기억 속 어느 장면으로만 떠올릴 수밖에 없다. 클로즈업된 아픈 엄마의 얼굴을 살피고 또 살핀다. 얼마나 아팠을까. 얼마나 하루가 길었을까.

 자신은 없었지만, 장례 직후에는 엄마 없이 그럭저럭 살아낼 수 있을 것 같았다. 고통이 더 길어지지 않고 비로소 편해진 엄마를 잘 보내드렸다는 마음으로 한동안 씩씩했다. 그런데 이제야 엄마의 고통을 뒤적거리는 내가 이해되지 않는다. 살아생전 엄마 앞에서는 감히 상상하지 못한 그 통증을, 장면마다 엄마의 얼굴을 떠올리며 무례하게 가늠하는 나를 이해할 수 없다.

 마취는 충분했고 수술은 별일 없이 끝났다. 근처 약국에서 진통제를 처방받아 집으로 향했다. 현관에 들어서자 그제야 수술 부위에 감각이 돌아오기 시작했다. 고무 덩어리 같던 입술이 서서히 제 감각을 찾았고 어금니 주변은 조금씩 욱신거렸다. 통증과 함께 나는 버릇처럼 엄마를 떠올렸다. 닳도록 반복 재생한 장면 속 엄마는 독한 진통제도 소용없는 고통을 온몸으로 견디고 있다.

실소와 동시에 울음이 터졌다. 고작 이까짓 걸로 엄마를 떠올리는 내가 참을 수 없이 우습고, 이렇게라도 엄마를 떠올리며 그리워하는 내가 대책 없이 슬퍼서. 통증인지 슬픔인지 구분되지 않는 감각이 큰 파도가 되어 온몸을 덮쳤다.

아들, 너무 오래 슬퍼하지는 마래이, 엄마 말 무슨 말인지 알제.

엄마, 무슨 말인지는 아는데, 그건 안 될 것 같다. 엄마랑 통화할 때는 슬퍼도 티 안 내려고 애썼지만, 이제는 엄마랑 통화할 수도 없고. 엄마는 눈빛만 봐도 알아채니까, 엄마 앞에서는 쉽게 탄로 나니까 어떻게든 숨기려고 노력도 했는데, 이제는 엄마를 마주 볼 일도 없으니까. 내가 아무리 참고 또 참고 숨기고 또 숨겨도 내 슬픔을 단번에 알아차리는 사람은 이제 세상에 없으니까, 그러니까 나는, 이제 슬프지 않으려고 애쓸 필요가 없지. 혹시나 엄마 슬픔에 내 슬픔까지 덧댈까 참는 게 버릇이었는데, 이제는 엄마가 없으니 마음껏 슬퍼해보려고. 볼 수도 안을 수도 없는 엄마를 나는 그리워할 수밖에 없는데, 슬프지 않고 엄마를 그리워하는 방법은 아직 모르겠다. 그러니까 너무 오래 슬퍼하지 말라는 말은 들어줄 수가 없다.

더는 농담일 수 없는 엄마의 죽음이 내 현실이 되었고, 그 현실은 우리가 같이 겪을 수는 없으니까, 이 슬픔은 오롯이 내 몫으로 남은 거지. 우리가 함께 공유한다고 믿었던 그것이 지금은 온전히 내 것이 되었네. 아무리 애써도 엄마의 슬픔이 내가 어쩔 수 없는 엄마의 몫이었듯. 그러니까, 그러니까 나는. 내 몫이 된 슬픔을 참지 않으려고. 슬픔이 된 엄마를 오래오래 슬퍼하려고.

부산에 가면

 요즘 하늘을 자주 본다. 어제와 다를 것 없는 하늘을 오늘도 훑어본다. 맑은 하늘. 흐린 하늘. 구름이 많은 날, 구름 한 점 없는 날. 살면서 하늘을 딱 이 정도 느끼고 살았다. 이제는 의식적으로 살펴보려고 애쓴다. 엄마가 죽고 난 뒤에야 하늘은 관찰 대상이 되었다. 하늘을 바라보며 나는 생각한다. 엄마는 어디 있을까. 엄마는 도대체 어디로 간 걸까.

 하늘을 보며 죽은 사람에게 말을 건네는 흔하디흔한 영화 속 장면을 속는 셈 치고 믿어본다. 하늘을 두리번거리며 묻는다. 엄마는 정말 어디에 있는 걸까. 어디로 가버린 걸까. 묻는 동시에 믿는다. 엄마가 좋은 곳에서 편안히 지내고 있다고. 굳게 믿고 또 믿다가 문득 묻고 또 묻게 된다. 엄마 어딨지. 어디 갔지.

　오랜만에 부산을 찾았다. 얼마 전 아버지는 부산을 떠나기로 하고 부동산에 집을 내놓았다. 바로 세입자가 구해져 한 달 뒤 이삿날이 잡혔다. 엄마가 죽고 나는 부산을 한 번도 가지 못했다. 한번 가야지 했지만 차마 가지 못했다. 치러야 할 일을 해치우는 기분으로 해가 바뀌기 전에 기차표를 끊었다.

　부산으로 가는 길. 나는 알고 있다. 집에 도착하면 엄마는 집에 없을 것이다. 나는 엄마 없는 집으로 가는 중이다. 집에 엄마가 없다는 사실을 알지만, 엄마를 만날 수 있지 않을까 기대한다. 왜냐면 부산에 가면, 집에 가면, 늘 엄마가 날 기다리고 있었으니까. 한 번도 그렇지 않은 적이 없었기 때문에. 그러므로 엄마 없는 집으로 가면서 엄마를 만날 수 있지 않을까 기대하는 건 꽤 합리적이고 이성적인 판단이다.

　부산역에 내렸다. 몸이 외우는 방향으로 걸어가 지하

철을 탄다. 안내판도 보지 않고 환승을 하고, 발길 닿는 대로 걷다 보면 집과 가장 가까운 출구가 나온다. 계단을 올라 밖으로 나오면 걸어서 3분 거리에 엄마 집이 있다. 나는 집으로 간다. 엄마 없는 집으로.

도련님. 엄마는 꼬맹이 시절의 나를 도련님이라고 불렀다. 집으로 돌아오면 엄마는 세상 환한 얼굴로 "도련님!"을 외치며 나를 반겼다. 그럴 때마다 엄마 특유의 반복되는 행동이 있었다. 먼저 엄마를 향해 다가오는 꼬맹이 눈높이를 맞추느라 몸을 앞으로 숙인 다음, 한껏 기쁜 표정으로 손뼉을 한번 짝! 치며, 동시에 "우리 도련님!"을 외친다. 그러면 반가운 마음보다 먼저 마중 나온 엄마 품으로 쏙 안기는 꼬맹이 도련님.

의상실에서 디자이너로 일했던 엄마는 도련님 입힐 옷을 직접 만들기도 했다. 어릴 때 찍은 사진을 보면 도련님은 색이 잘 어울리는 셔츠와 바지를 뽐내고 있다. 도련님의 눈에는 평소에는 수수하지만 직업 특성상 옷, 화장, 액세서리로 감각적으로 치장할 줄 아는 엄마가 참 멋있었다.

도련님도 머리가 커지고 또래와 비교하는 나이가 되고 나니, 친구들 엄마보다 나이가 많은(그래봤자 대여섯 살 정도) 엄마가 왠지 부끄러웠다. 어느 날 친구들과 하굣길에 버스를 기다리는데 익숙한 목소리가 들렸다.

"도련님!"

돌아보니 엄마였다. 친구들 엄마보다 늙은 나의 엄마가, 주위를 아랑곳하지 않고 세상 기쁘고 환한 얼굴로 도련님을 반기고 있었다.

나는 순간 부끄러워 당황한 표정을 숨기지 못했다. 이제는 기억나지도 않는 친구들을 한껏 아랑곳하며 어색한 미소를 지었던 도련님. 평소와 다른 나의 반응을 재빨리 파악한 엄마의 표정이 잊히지 않는다. 엄마는 바로 알아차렸다. 어색하게 우물쭈물 다가오는 나를 엄마는 조용히 안았던가. 엄마가 부끄러웠냐고 농담 같은 질문을 했는데 내가 뭐라고 대답했는지는 기억나지 않는다.

나는 지금까지 이 장면을 두고두고 떠올리며 엄마를 부끄러워했던 찰나의 마음을 부끄러워한다. 그 마음을 곱씹다가 너무 후회가 되면 그 순간을 머릿속에서 다시

연출하기도 한다.

더 이상 얼굴도 기억나지 않는 친구들을 나는 전혀 아랑곳하지 않는다. 엄마의 "도련님!" 소리에 한껏 들떠 뒤돌아본다. 박수 짝! 치며 몸을 숙이는 엄마에게 달려간다. 망설임 없이 품에 안겨 엄마를 있는 힘껏 껴안는다. 세련된 화장과 착장에 나는 뿌듯함을 느끼고, 익숙한 엄마 향수 냄새에 기분이 날아갈 듯 좋아진다. 친구들에게 엄마를 자랑스럽게 소개한 뒤 엄마 손을 꼭 잡고 집으로 향한다. 학교에서 있었던 일을 시시콜콜 종알쫑알하고, 짜증 나고 힘들었던 마음을 엄마에게 일러바치듯 징징거린다.

도련님 이야기라면 귀를 쫑긋 세우는 엄마가 어이구 어이구 맞장구칠 때쯤 마트를 지나친다. 엄마를 끌고 가 맛있는 걸 사달라고 졸라야지. 엄마와 내가 사랑하는 청어가 저렴하게 나와 있다면 저녁으로 생선구이를 해달라고 해야지. 조금 더 걸어가 엄마의 오랜 단골집인 낙지볶음으로 외식하는 것도 좋겠다. 쫑알쫑알 징징 구구절절하는 동안 단 한순간도 엄마 손을 놓지 말아야지. 버스를 타는 대신 집까지 걸어가는 것도 좋다. 엄마 손을 잡고 있는 시간이 영원히 끝나지 않으면 좋을 것 같아.

　익숙한 도어락 비밀번호를 누르고 현관문을 열었다. 현관 맞은편 엄마 방 불이 꺼져 있다. 문은 열려 있지만 아무도 나오지 않는다. 엄마 없는 집에 도착했다. 현관에서 신발을 벗기도 전에 방에서 달려 나와 나를 반기던 엄마가 없다. 투병 중에도 예외 없이 환한 표정과 앞으로 숙인 몸으로 박수를 짝! 치며 내 이름을 외치던 엄마는 이제 없다. "도련님!"은 "우리 아들~"로 바뀌었지만 엄마의 애칭 사랑은 여전했다.
　사망신고 후 없애지 못하고 아버지 명의로 변경한 엄마 핸드폰에 나는 여전히 '최작(최고 작품)'으로 저장되어 있다.

나를 낳은 사람

    생일을 특별히 기다리거나 기대하는 편이 아니었다. 입학식, 졸업식 같은 행사도 그저 지나가는 하루로 여겼다. 대학 졸업식에는 꽤 비싼 학사모까지 주문해놓고 늦잠을 핑계로 참석하지 않았다. 지인의 행사나 가족 기념일은 잘 챙기지만, 본인 기념일은 대수롭지 않게 여기는 나의 태도는 엄마와 비슷했다. 우리는 이상한 구석까지 닮아서 서로의 생일에는 자기 생일에 인색했던 호들갑을 적극적으로 표출하곤 했다.

    엄마가 죽고 난 뒤 처음으로 맞는 생일이 오고야 말았다. 밖에서 친구들과 식사하고 레터링 케이크에 초를 불고 나름 시끌벅적하게 보냈지만 올해 생일은 확실히 달랐다. 엄마의 전화도 택배도 없는 생일은 예상보다 더 헛헛했다. 생일날이 다가올수록 이상하게 긴장되었다. 슬픔이 일으키는 긴장이 있다는 것을 처음 알게 됐다.

집으로 돌아와 생전 엄마가 보내준 메시지를 뒤적거렸다. 내 생일이면 자신의 생일이나 기념일은 무심하게 여기던 엄마에게서 다른 자아가 튀어나왔다. 엄마 없는 생일에 옛 문자 메시지를 뒤적거리는 일이 청승맞고 슬플 줄만 알았는데 막상 읽다 보니 엄마의 귀여운 호들갑에 나도 모르게 웃음이 터졌다. 생일을 앞두고 그동안 쌓인 긴장이 맥없이 풀렸다.

엄마는 카드나 편지 쓰는 일은 썩 반기지 않았다. 실용적인 걸 선호하는 엄마는 생일 한참 전부터 필요한 게 없는지 물었고, 어느 날 갑자기 예상치 못한 택배를 불쑥 보내곤 했다. 처음으로 엄마에게 편지를 써달라고 졸랐던 건 군대 훈련소에서였다. 논산이 아닌, 미국 조지아에서 훈련받는 나의 특수상황을 빌미로 계산된 부탁이었다. 엄마는 군말 없이 편지를 보내주었다.

2주가 넘어서야 국제우편 도장으로 뒤범벅된 봉투가 미국 조지아주 포트 베닝 생활관에 도착했다. 바로 뜯어보고 싶은 충동을 간신히 누르고 취침 시간까지 기다렸다. 하루 일과의 마무리인 점호를 무사히 끝내고 마침내 소등 시간이 되었다. 불이 꺼지자 40명 가까이 되는 훈련병들 목소리도 점점 잦아들었다.

나는 미리 챙겨둔 작은 손전등을 몰래 꺼내 이불 아래에서 조심스레 편지를 뜯었다. 봉투를 미처 다 열기도 전에 예상치 못하게 맞닥뜨린 건 엄마 냄새였다. 편지지에 배어 바다를 건너온 엄마 향수 냄새에 순식간에 목울대가 뜨거워졌다. 낯선 피부색의 훈련병들 코 고는 소리만 들리는 적막한 공간에서 익숙한 품 냄새가 콧속으로 파고들었다. 아무리 생각해도 편지 보내달라고 조르길 잘했던 것 같다. 만 킬로미터 넘게 떨어진 이역만리에서 엄마를 가장 가깝게 느꼈던 순간이었다.

엄마와 물리적으로 가장 가까웠던 시간은 호스피스 병동에서 머물렀을 때다. 엄마가 엄마의 몸을 영영 떠나기 전, 두 달도 채 되지 않았던 시간.

호스피스 병동 간호사는 엄마의 회음부—37년 전 내가 가르고 나온—를 이틀에 한 번꼴로 소독했다. 거동이 어려워진 뒤에 연결한 소변줄에는 불순물을 빼내기 위한 수액이 달려 있었는데, 3교대로 일하는 상주 간병인 분들이 수시로 소변줄과 수액을 체크했고, 욕창 방지를 위해 체위 변경은 두세 시간에 한 번씩, 양치는 매일 두 번씩 도와주셨다. 일반실에서 호스피스로 옮기자 막상 내가 할 수 있는 일이 많지 않았다. 자주 발을 시려워 했던 엄마를 위해 찜질팩을 빼먹지 않고 챙기는 정도였다. 그마저도 하반신 감각이 사라지고부터는 필요하지 않았다.

소리에 유난히 민감해진 엄마는 잠에 들었다가도 작은 소리에 눈을 번쩍 떴는데, 약 부작용으로 인지력을 잃고 불안까지 심해지는 날에는 엄마 왼쪽 귀에 귀마개를 꽂아주었다. 오래전 난청으로 청력을 잃은 엄마의 오른쪽 귀가 다행이라고 생각했던 건 그때가 처음이었다.

마약성 진통제는 부작용으로 입을 건조하게 만들었다. 분무기로 구강을 자주 적셔주어도 독한 입냄새는 나아지지 않았다. 어떻게 해도 사라지지 않을 것 같던 악취는 몸이 없어지자 영영 사라졌다. 몸이 없는 존재는 냄새를 풍길 수 없다는 사실을 또 하나 배웠다.

1년 중 하루. 나의 탄생을 온몸으로 기억했을 유일한 사람의 몸이 이제는 세상에 없다. 골반이 커서 출산은 문제없다 자신했던 엄마에게 유난히 컸던 내 두상은 예상치 못한 변수였다. 태아가 나올 때 가장 힘든 고비가 귀라서 '귀빠진 날'이라는 표현이 생겼다고 하던데 엄마는 내 머리가 걸리는 바람에 스무 시간이 넘는 진통을 치렀다고 했다. 엄마의 몸은 기어코 나의 '머리 빠진 날'을 기억할 수밖에 없었을 것이다.

엄마 입에서 나던 건조한 악취가 그립다. 나를 낳은 몸이 가루가 되어 담긴 유골함에서 느낀 온기가 그립다. 유골함을 두 팔로 끌어안고 화장터를 나섰던 나는, 뜨겁게 타고 남은 엄마 몸이 남긴 열감을 기억한다. 엄마는 끝까지 따뜻했다.

Have it your way, mama

 쓸 때마다 구체적인 장면이 떠오르는 영어 표현이 있다. 모국어가 아닌 언어에는 뜻은 알지만 직접 내 말처럼 뱉지 못하는 표현이 많은데, 누군가 그 표현을 적확하게 쓰는 순간을 목격하면 표현과 상황이 한 장면으로 기억 속에 뚜렷이 남는다.

 이렇게 남은 영어 표현 중 하나를 고르라면 'have it your way'가 먼저 떠오른다. '너 좋을 대로(마음대로) 해' 정도의 뜻인데, 미국에서는 70년대 햄버거 프랜차이즈 광고로 유명하다는 건 나중에 알았다. 자신이 원하는 재료를 마음대로 고를 수 있다는 메시지를 전달하는 슬로건이었는데, 나는 이 표현을 들을 때마다 독일에서 미군으로 복무하던 시절이 떠오른다. 내가 일하던 병원의 리더였던 간호장교 T소령의 방. 나도 모르게 울음이 터져 나와 주저앉았던 그 방으로 돌아간다.

길고 길었던 4년 미군 생활의 끄트머리에 나는 서른 살이 되었다. 서른이 되면 단단한 어른이 되어 있을 거라고 상상했는데, 나는 심한 우울증으로 일상생활을 가까스로 이어가고 있었다. 업무에서도 열외되어 정신과 상담을 받고 있었다. 상태가 호전되지 않고 점점 심해지던 어느 날, T소령은 자신의 사무실로 나를 호출했다.

작고 왜소했지만, 특유의 건강한 에너지가 돋보였던 흑인 여성. 평소에 많은 조언을 구했던 친절한 선임이었기에 긴장되지는 않았다. T소령은 나의 상황을 잘 알고 있다는 말과 함께 요즘 어떻게 지내고 있느냐고 사려 깊게 물었다. 최대한 예의를 갖추어 답을 했던 것 같은데, 어느 순간 주체할 수 없는 눈물이 터졌고 정신 차리고 보니 나는 바닥에 주저앉아 울고 있었.

T소령은 당황하지 않고 사무실 바닥으로 내려와 내

옆에 앉았다. 당시 왜 울음이 나왔고 다리 힘이 풀렸는지는 기억이 희미하지만, T소령이 던진 질문은 아직도 기억한다.

"If you could have it your way now, what would you do?(당장 네 맘대로 할 수 있다면, 뭘 하고 싶어?)"

Have it your way. 나는 한 번도 써본 적 없던 표현이었다. 내 상황에서 감히 떠올려볼 수 없던 표현이었을지도 모른다. 그때는 그랬다. 살고 싶지 않은데, 살지 않기 위해 무엇을 할 힘도 남아 있지 않았다. 내 몸과 마음도 내 뜻대로 가주지 못하는 하루가 길게 늘어졌다. 더는 버티지 못할 때까지 버티는 일만 남은 것 같았다.

삶에 낙관이라는 단어를 덧댈 수 없던 시절. 그런 시절을 새까만 마음으로 통과하고 있는데, 갑자기 샛노란 빛이 반짝이는 듯했다. 나는 바로 집을 떠올렸다. 집은 엄마였고, 엄마가 보고 싶었다. 바닥만 보고 있던 고개를 들어 T소령에게 말했다. 집에 가고 싶다고. 한국으로 가고 싶다고. T소령은 더는 묻지 않았다.

프랑크푸르트 공항에서 한국으로 오는 비행기를 탔다. 갑자기 생긴 2주 휴가는 비밀로 한 채로. 열 시간을 날아가 부산에 도착했을 때, 엄마에게는 꽃 배달을 보냈다고 거짓말을 해놓은 상태였다. 근처 꽃집에서 꽃다발을 하나 사서 벨을 눌렀다. 엄마 목소리가 멀리서 들려왔다. 부엌쯤에서 대답하고 현관 쪽으로 걸어 나오고 있겠지. 나는 목소리를 최대한 저음으로 낮추어 "배달 왔습니다"를 천연덕스럽게 외쳤다. 마침내 현관문이 열렸다.

나는 그때 마주한 엄마 표정을 죽을 때까지 잊을 수 없을 것이다. 순간 사태 파악이 되지 않아 당황했다가, 점점 환희에 가까운 기쁨으로 바뀌던 얼굴. 보고 싶지만, 너무나 멀리 떨어져 있는 아들이, 갑자기 지금 한국에, 그것도 바로 눈앞에 있다는 게 믿을 수 없어 놀랍고 감격스러워 눈물까지 고여 나오던 엄마 얼굴.

"엄마야!! 아들!! 우짠 일이고! 우리~ 아들~ 우째 왔노~"

기뻐서도 발을 동동 구를 수 있다는 걸 나는 이날 처음으로 알았다. 그 순간 엄마를 보고 아주 오랜만에 안도를 느꼈다.

엄마는 자신이 늘 표현에 서툰 사람이라고 입버릇처럼 말했다. 내가 기억하는 엄마는 대체로 엄마만의 다정함을 숨길 수 없는 사람이었지만, 애정의 깊이만큼이나 엄마 속에 담아둔 기대나 서운함, 섭섭함은 절대 표현하지 않는 사람이었다. 확실히 애정의 이면을 드러내는 일을 불편해하고 서툰 사람이 분명했다. 관계 안에서 요구하기보다는 요구를 맞추는 일이 편했던 사람. '너 좋을 대로 해'에서 주어를 '나'로 바꾸는 일이 무척이나 어려웠던 사람이었다.

한국을 떠나 살기 시작한 건 교환학생으로 미국 생활을 시작하면서부터였다. 한 학기 어학연수 정도로 계획했다가, 연극과 수업에 빠져서 갑작스럽게 편입을 결정했다. 공연에 미쳐서 정신없이 시간을 보내다 보니 1년이 훌쩍 넘어 있었다.

여름방학을 앞두고 고민에 빠졌다. 학교에 남아 공연에 더 참여할 것인지 한국에 다녀올 것인지. 어느 날 한국행 비행기표를 살까 말까 고민하며 엄마와 통화를 하는 중이었다. 엄마에게 항공권이 너무 비싸다는 푸념을 늘어놓고 있는데, 엄마가 갑자기 버럭 화를 냈다.

"그라믄 집에는 안 올 끼가!!???"

좀처럼 화를 내지 않는 엄마라 나는 이 순간이 아직도 생생하다. 엄마가 나를 보고 싶어 한다는 걸 모르진 않았지만 이렇게까지 실감한 적은 없었다. 참고 참다가 서운함이 섞인 화로 삐져나온 엄마의 애정. 그렇게 터져 나오지 않고서는 행여 부담될까 말하지 않기를 선택했을 수많은 순간이 엄마 속에 쌓여 있었겠지.

나라는 존재를 누구보다 반가워했던 사람. 기뻐했던 사람. 사랑했던 사람. 그 사랑을 들킨 장면들을 떠올리며 오늘도 엄마를 그리워한다. 이제 모든 것으로부터 자유로워졌을 엄마는, 비로소 엄마 맘대로 잘 지내고 있을지 모르겠다.

엄마 맘대로 할 수 있다면 뭘 하고 싶어 엄마?

그 대답이 나이길. 아니, 내가 아니길.

진심과 최선 사이

 엄마를 쓰다가 멈춘다. 엄마의 부재가 더 또렷하게 다가온다. 엄마를 보고, 듣고, 안을 수 없다. 보고 싶을 때 '보고 싶다'라고 쓰는 일 말고 할 수 있는 게 없다. 부재는 현실과 함께 더 명백해진다. 보고 싶다, 보고 싶다. 이 네 글자를 반복해 써서 종이 한 면을 가득 채우면 엄마를 그만 쓸 수 있을까. 보고 싶다고 쓰는 일이 무슨 소용일까. 내가 어떤 방식으로든 닮았을 아버지의 무용한 말들이 떠올라 괴롭다.

 아버지는 늘 엄마에게 진심을 표현하는 사람이었다.

당신은 내 세상의 중심이야. 나에게는 당신이 전부야. 엄마의 마지막 3년 동안 아버지는 관계의 이면을 마주하며 시간을 보냈다. 아버지가 남편으로 평화롭게 자리한 곳 반대편에는 가족이라는 안락한 관계를 애써 지탱해온 엄마가 있었다. 아버지와 내가 그 안간힘의 수혜자였다는 건 아주 늦게야 알았다.

불편한 진실은 어느 날 저녁 식사 자리에서 터져 나왔다. 아버지와 내 앞에서 항암으로 야윌 대로 야윈 어깨를 들썩이며 엄마는 한참을 울었다. 평생 동안 남편을 마음 편히 기댈 수 있는 언덕으로 느낄 수 없었다 했다. 원망과 회한이 섞인 오래된 마음이 울음과 섞여 뭉개진 말들로 쏟아져 나왔다. 혼자 외롭게 고군분투했던 시간이 뒤늦게 저녁상 위로 펼쳐졌다. 생생한 상처의 현장 앞에서 아버지는 아무 말을 하지 못했다.

"당신은 내 세상의 중심이야."

무용한 진심은 지나온 세월을 돌이킬 수도, 눈앞에서 무너지는 엄마를 일으킬 수도 없었다. 이날 이후 아버지는 오래도록 힘들어했다. 당신의 전부인 아내가 털어놓은 관계의 이면을 마주하고 어쩔 줄 몰라 했다. 나는 아버지를 향한 깊은 연민과 동시에 주체할 수 없는 화를 느꼈다.

아버지의 진심이 아무런 힘을 발휘하지 못했을 엄마의 수많은 밤을 상상했다. 일방적인 진심에 애써 멋쩍은 고마움으로 답하던 엄마의 많은 얼굴이 스쳤다. 진심에 방점을 찍어서 해석했을 엄마는, 하필이면 아버지는 진심이 전부인 사람이어서, 오랜 세월 양가감정의 기로에서 늘 아버지를 선택했겠지. 안쓰럽고, 불쌍한 이 사람을. 기대지 못한 언덕일지라도 자신이 선택한 사람을 초라하게 만들지 않기 위해 최선을 다했을 엄마.

어떤 날에 나는 이런 엄마가 아까워서 견딜 수 없어 몸서리쳤다. 그래서 자주 상상했다. 엄마가 아버지를 만나지 않았다면. 엄마가 죽기 전까지 깨달은 것을 조금 일찍 알았다면. 차라리 아버지가 좋은 사람이 아니었다면. 엄마는 좀 더 수월한 선택을 할 수 있었을까. 엄마는 좀 덜 슬플 수 있었을까. 닳고 닳은 무용한 가정은 엄마가 없는 자리에서도 반복되었다.

일정이 틀어져 예약해둔 비행기표를 취소하려고 여

행사에 전화를 걸었다. 통화량이 많아 연결이 늦어져 죄송하다는 기계음과 대기시간 안내를 받았다. 20분 정도를 기다리다가 화가 치밀어 올랐다. 갑작스러운 화가 당황스러웠다. 심호흡을 했다. 몇 번 숨을 가다듬었지만 별 소용이 없었다. 핸드폰을 부서질 듯 붙잡고 애꿎은 입술만 깨물었다. 공허하게 반복되는 대기음악이 나를 조롱하는 것 같았다. 참지 못하고 핸드폰에 뜬 빨간 종료 버튼을 몇 번씩 때리듯 눌렀다. 고작 한 거라고는 전화 한 통인데 숨이 가빴다. 씩씩거리는 내가 싫어서 숨을 참았다. 이제는 화 대신 눈물이 차올랐다.

슬픔을 새로 배우는 중이다. 연필을 짓이겨 눌러 쓰듯 꾹꾹 누른 슬픔은 종이를 찢기도 한다는 걸.

801호에서

 집과 호스피스 병동 사이에는 801호가 있었다. 7월 16일, 엄마와 나는 병원 8층에 위치한 일반실 801호로 배정받았다. 간밤에 시도한 자살이 성공했다면 엄마의 기일이 되었을 7월 16일. 입원 첫날이었다. 그렇게 엄마의 마지막 날이 유예되었다.

 엄마가 눈을 떴을 때는 이미 병실이었다. 다시는 돌아오고 싶지 않았던 곳. 지난밤 삼킨 수십 개의 알약이 여전히 몸에 남아 있는지 엄마의 눈꺼풀은 느리게 움직였다. 구급차에서는 희미했던 의식이 서서히 돌아오기 시작했다. 엄마는 내 얼굴을 천천히 훑고서야 나를 알아보았다. 그리고 내가 잘 아는 미소를 지었다.

다시 눈뜨지 않기를 바라며 오랜 계획을 실행에 옮겼던 엄마. 나는 왠지 미안한 마음을 무릅쓰고, 여기 병원이라고, 나를 알아보겠냐고 물었다. 엄마는 말없이 고개를 끄덕였다. 병실을 천천히 살피다 자기 밑에 깔린 격자무늬 이불을 알아보았다. 구급대원이 엄마가 누워 있던 이불을 그대로 들어 올려 들것에 실어오느라, 집에서부터 딸려온 이불이었다.

엄마는 익숙한 이불을 만지작거리다 눈을 질끈 감더니 흐느끼기 시작했다. 이내 무너지는 엄마의 표정에서 자조 섞인 울분을 느꼈다. 피 한 방울 묻지 않은 멀쩡한 이불이 눈에 들어왔을 때, 엄마는 지난밤 계획이 틀어졌다는 걸 깨달았다고 했다. 수면제를 먹은 직후 바로 의식을 잃어버려 미처 손목을 긋지 못했다며, 한참을 서럽게 울었다. 큰 둑이 무너지는 순간에 있는 듯했다. 이전에 한 번도 본 적 없는 엄마의 절망이었다.

나는 엄마에게 조심스럽게 말을 걸었고, 차분히 상황을 설명하며 솔직한 마음을 전했다. 아버지가 엄마를 발견했을 때 어떤 상황이었는지. 어떻게 병원까지 오게 되었는지. 지금 엄마가 어떤 마음일지 상상도 할 수 없지만, 그래도 엄마랑 다시 눈 맞추고 이야기할 수 있어서 내가 얼마나 좋은지.

나는 엄마에게 같이 공항에 머물고 있다고 생각하자 했다. 엄마가 놓친 죽음이라는 비행기가 지연되었다고 생각하자고. 다음 비행기가 언제 올지 모르겠지만, 조금만 더 기다려보자고. 공항에서 머무는 게 불편하겠지만, 심심하지 않게, 기다리는 일이 너무 힘겹지 않도록 내가 같이 있어주겠다고.

나는 그날 밤을 충격으로 받아들일 여유가 없었다. 자살 자체보다, 자살에 실패하고 끝을 모르는 아래로 무너지는 엄마가 더 아팠다. 나는 엄마가 더 급했다. 목구멍에서 멍울지는 슬픔은 그냥 삼켜버리면 될 일이었다. 자살이 뭐라고. 나는 자살에 삼켜지지 않으려, 지금 내 눈앞에 생생히 살아있는 엄마만 보려 애썼다. 나는 엄마에게 그날 밤을 묻고 또 물었다.

"도대체 언제부터 수면제를 그렇게 모은 거야."
"예전 병원 다닐 때부터."

"근데 그 많은 양을 어째 한꺼번에 다 먹었노."

"쪼갰다아이가. 알약으로 묵다가 토해삐면 다 무용지물이니까… 흡수도 더 잘될 끼고."

"와, 보기보다 치밀하네, 우리 엄마."

"느그 엄마가 생긴 거랑 달리 똑똑하데이."

"진짜. 그면 그날 통증이 심해서 약을 먹은 건 아니었네. 나는 처음엔 엄마가 얼마나 아팠으면 그랬을까 생각했거든."

"통증은 괜찮았다. 신기하게 몸도 개얀코 전날 잠도 진짜 잘 자고… 참 좋았다. 진짜 충만한 하루였다."

"근데 수건은 왜? 아빠가 엄마 발견했을 때 바닥에 깔려 있었다 카든데."

"아 그거는 느그 아빠가 놀라서 튀어오다가 자빠지면 우짤까 싶어서 깔아뒀지."

"와… 그 와중에 진짜 너무 엄마답네… 근데 유서가 생각보다 짧던데, 너무 한 거 아이가."

"인마, 약기운이 퍼지니까네… 손도 떨리고, 길게 쓰지도 못 하겠드라."

병과 통증은 피할 수 없었지만, 마지막만큼은 자신의 선택이라고 믿으며 버텨왔을 엄마. 통증으로 한숨도 이루지 못했던 수많은 밤들 중에 충만한 하루로 기억하는 그날 밤에 그동안 모아온 수면제를 삼켰던 엄마. 그리고 절대 다시 오지 않으리라 각오했던 곳에서 익숙한 이불에 싸여 누워 있는 자신을 발견한 엄마. 마침내 작별인 줄 알았던 몸을, 통증을, 슬픔을 다시 느꼈을 엄마.

나는 엄마가 서 있는 가장 가파른 절망의 최초 목격자가 된 것 같았다. 멀뚱히 쳐다만 보고 있을 수는 없었다. 나는 내가 있어야 할 자리를 찾아야 했다. 나는 엄마보다 더 아래에 있고 싶었다. 조각조각 부서지는 마음을 모조리 품을 수 있는 가장 낮고 넓은 바닥이 되고 싶었다. 끝을 모르고 무너지는 엄마가 더는 떨어질 곳이 없도록.

초여름인데도 병실은 무척이나 습했다. 습도가 높은 동네에 위치한 병원이라 각오는 했지만 에어컨을 하루 종일 켜도 나아지지 않았다. 아버지가 집에서 제습기를 가져다주었지만 내내 돌려도 70퍼센트 밑으로 내려가지 않았다. 눅눅한 병실 공기가 마음을 더 가라앉게 만드는 것 같았다.

입원한 엄마를 만나러 호스피스 병동에서 수녀님과 박 간호사님이 굳이 일반실까지 찾아오셨다. 불과 한 달 정도였지만 가정형 호스피스 방문으로 친해진 덕분에, 낯선 장소에 아는 얼굴이 있다는 게 이토록 안심되는 일인 줄 몰랐다. 두 분이 병실에 들어서자 엄마는 누구보다 반갑게 맞았다. 수녀님은 엄마 손을 잡고 얼른 퇴원해 집에서 맛있는 커피 타주시기로 한 거 잊지 마시라고 농담을 걸었다. 엄마는 웃으며 꼭 그러겠다고 약속했다. 아주 오랜만에 보는 편안한 얼굴이었다.

입원 후 며칠 동안 엄마는 퇴원을 목표로 힘을 냈다. 진통제는 경구약 대신 주사로 처방을 받으니 부작용도 덜하고 효과도 좋았다. 문제는 하반신이었다. 의식을 잃었던 밤에 어떻게 고꾸라져 장시간 몸이 눌려 있었는지, 어깨는 저온 화상과 허벅지 한쪽에는 큰 타박상이 생겼다. 며칠 전만 해도 잘 걸었던 엄마가 입원한 뒤로는 부축 없이는 방에 딸린 화장실조차 갈 수 없었다.

어떤 항암 치료도 씩씩하게 받아왔는데 막상 걷는 일

이 어려워지자 엄마는 심각해졌다. 잘 묻지 않는 엄마가 부축하는 내 두 손을 꼭 잡고 진지하게 물었다.

"아들, 연습하면 다시 걸을 수 있겠제?"

나는 틈도 주지 않고 바로 답했다. 당연하지, 엄마가 약을 너무 많이 먹어가꼬 몸에 힘이 빠져서 그런 거다. 연습하면 다 된다. 하반신 통증은 암이 퍼져서 나타나는 증상일 수 있다는 담당의 소견이 있었지만 내게 팩트는 중요하지 않았다. 엄마와 나는 그저 우리의 최선을 다했다.

아버지와 교대한 주말, 엄마는 결국 화장실에서 넘어지고 말았다. 엄마는 아마 그때 자신이 더는 걸을 수 없을 거라고 확신했던 것 같다. 아침까지만 해도 빨리 퇴원해 집에 가자던 엄마가 오후가 돼서는 병원에 남겠다고 했다. 내가 자리를 비운 동안 엄마는 이미 결론을 내린 것 같았다. 병원에서 절대 죽지 않겠다던 엄마가 이제는 절대 집으로 돌아가지 않겠다 했다. 걸을 수도 없는데 집에 가면 주위 사람들 고생만 시킨다고, 호스피스 병동에서 남은 시간을 보내겠다고 했다. 엄마에게서 어떤 결연함마저 느껴졌다.

퇴원하면 집으로 가려 했던 엄마의 경유지가 바뀌었다. 호스피스 병동은 만실이었고 우리는 빈자리가 생길 때까지 801호에서 대기해야 했다. 801호에서 다음을 기다리며 엄마는 자주 생각에 잠겼다. 엄마가 입술을 꾹 다물고 허공에 시선을 둘 때면 나는 곁에서 그저 짐작할 뿐이었다. 엄마가 혼자만의 정리를 하고 있구나. 그렇게 오기 싫었던 병원에 남기로 결심한 것이, 집으로 절대 돌아가지 않겠다고 하는 엄마가 또 다른 슬픔으로 다가왔다. 엄마에게 다른 선택지는 없는 것 같았다. 마치 다시는 돌아오지 않을 각오로 등을 돌리고 뚜벅뚜벅 걸어가는 뒷모습을 바라보는 기분이었다. 차마 엄마를 다시 돌려세울 수는 없었다.

나는 엄마 뒤에 바짝 붙어가려 했다. 가장 가깝게 따라 걷는 사람이고 싶었다. 한 번도 가본 적 없는 곳을 향해 걸어가는 엄마에게 어떻게라도 힘이 돼주고 싶었다. 언젠가 이 여정이 끝나고 엄마가 목적지에 도달하면, 나는 엄마와 함께 집으로 돌아올 수 없다는 걸, 나는 그때 몰랐던가. 내가 동행할 수 없는 저 너머 어딘가를 엄마는 바라보고 있었다. 등교하려는 내게 엄마가 죽으면 교복 와이셔츠를 어디에서 사야 되는지 알려주던 어느 아침의 엄마 얼굴이 기억났다.

집과 호스피스 병동 사이에는 801호가 있었다. 엄마가 타지 못한 비행기는 떠나버렸고, 우리는 801호에 남겨졌다.

슈퍼 J의 흔치 않은 장례식

　병실에서 잠든 엄마의 손을 꼭 붙잡고 눈을 감은 채 집중했던 날이 있었다. 내가 잡고 있는 손이, 몸이 사라지고 나면 엄마 곁을 다시는 감각할 수 없을지도 모른다는 두려움이 불현듯 엄습했다. 외워둘 수 있다면 외우고 싶었다. 이 느낌이 엄마야. 이게 엄마가 곁에 있으면 느껴지는 감각이야. 언젠가 엄마를 다시 알아차리려면 미리 연습해두어야 할 것 같았다. 부재를 미리 계획하는 건 철저한 내가 아니라 간절한 내가 하는 일이었다. 미리 하는 습관도 엄마를 빼닮은 거였다.

　엄마는 진작 상조보험을 들어두었다. 본인만의 정리

를 시작하던 즈음 보험약관과 회원증을 내게 건네며 전화 한 통이면 다 알아서 해줄 테니 신경 쓸 일 없다고 당부했다. 나는 마지막까지 한결같은 엄마의 성격에 질린다며 겉으론 농담을 건넸지만, 속으로는 그런 준비가 필요하다는 사실이 막막하고 슬펐다.

호스피스 병동에 입원하고 나는 장례식장을 알아보기 시작했다. 부산 시내에 있는 상조회사 제휴업체와 시설이 준수해 보이는 몇 군데를 더해 리스트를 만들었다. 대관료, 상복 대여비, 음식값, 시신 운구료까지. 장례에 드는 비용은 생각보다 많았고, 상조보험이 모든 걸 지원해주지 않는다는 사실을 알게 됐다. 리스트를 뒤엎고, 결국 병원 내 장례식장으로 결정했다. 동선이 간결했고, 할인 혜택도 있었으며, 무엇보다 수녀님이 귀띔해준 수육 맛이 결정타였다.

병실로 돌아와 엄마 옆에 누워서 내가 알아본 내용을 전했다. 엄마가 보험을 잘 들어놓았지만 업체 할인이라는 게 천차만별이고, 내가 몇 군데 비교를 해보니 우리 병원 장례식장이 가장 저렴하고 합리적인 선택 같고, 엄마의 경우에는 할인까지 적용되는 상황인데다, 장례지도사가 분향실을 미리 보여줬는데 공간도 널찍하니 좋았고, 엄마가 좋아하는 수녀님도 우리 병원 장례식장 수육이 그렇게 맛있다고 하더라… 까지. 일부러 야무지게 말하려 애썼다.

엄마는 흡족해했다. 전화 한 통이면 되기를 바랐던 엄마였지만, 엄마를 보내는 일에는 직접 움직이고 알아보고 결정해야 할 것이 많았다. 그 수고로움이 내겐 하나도 번거롭지 않다는 걸, 엄마만 모르고 있는 것 같았다. 엄마는 마치 내가 자신의 일을 대신 해준 것처럼 고마워했다.

엄마가 영영 떠난 건 저녁 8시쯤이었다. 가족들의 마지막 인사가 끝나고 의사가 들어와 8시 20분에 사망 선고를 내렸다. 두 달 남짓 침대에서 벗어나지 못했던 엄마가 마침내 퇴원하는 순간이었다.

엄마는 침대째 임종실에서 나와 병동 한쪽에 있는 큰 엘리베이터에 올랐다. 지하 1층에 도착하고 문이 열리자 엘리베이터는 바로 장례식장과 연결돼 있었다. 기다리고 있던 장례지도사가 우리를 영안실로 안내했다. 나는 흰 천으로 덮인 엄마 옆에 서서 장례지도사가 건넨 펜으로 이름표에 엄마 이름 석 자를 또박또박 써내려갔다. 그리고 냉기가 감도는 낯선 곳으로 엄마를 밀어 넣어두었다. 입관식이 아직 남아 있다는 사실을 떠올리며 나 자신을 달랬다. 다시 볼 수 있으니까. 그때 엄마의 얼굴을, 몸을 한 번 더 만질 수 있다는 걸 알고 있었다. 미리 알아봐두길 잘했다고 생각했다.

아버지는 모든 장례 절차를 내게 맡겼다. 나는 장례식장 사무실에서 계약서를 작성했다. 장례식에 얼마나 많은 사람이 찾아올지 가늠하기 어려웠다. 아담한 5호실과 여유 있는 6호실 중에 무엇을 골라야 할지 고민이었다. 가격이나 규모 면에서 제일 큰 분향실은 일단 제쳐놓았고(엄마도 원하지 않을 거라 확신했다) 마침 비어 있는 데다 중간 정도 크기에 분향실과 손님이 머무르는 공간이 분리된 6호실이 가장 좋은 선택인 것 같았다. 더 고민할 것도 없이 6호실로 계약했다. 조문객 음식과 꽃, 영정 사진, 화장터 예약까지 마쳤다. 발인을 하는 3일 차에 화장터 예약이 꽉 찬 터라, 나흘간 장례를 치렀다. 엄마가 마지막 숨을 내쉰 순간부터 화장장까지, 그 나흘은 아주 길고 긴 하루처럼 기억에 남았다.

엄마의 장례를 복기하는 건 손끝에 남은 감각을 더듬는 일 같다. 나는 사실 엄마의 장례가 그립다. 그 나흘 동안만큼은 엄마를 누구보다 가까이에서 돌볼 수 있었다. 엄마 사진 앞에서 향을 피우고, 꽃을 올리고, 눈을 감았던 그 시간. 마지막 돌봄과 배웅의 시간이라 믿었지만, 떠나는 엄마 곁을 어떻게든 붙들고 싶은 마음이었다는 걸 이제 안다. 결국 나를 위한 시간이었다는 것도.

엄마는 더는 계획하지 않지만, 호스피스 병동에서 세례를 받고 마리아가 된 엄마가 성모성탄축일에 발인을 하게 된 것도, 장례 마지막 날이 미리 결제해둔 병원 월 주차권 만료일과 겹친 것도(비생산적인 걸 극도로 싫어하던 엄마는 마지막까지 철저했다), 바쁜 일정 가운데 친구들 모두가 엄마를 배웅하러 올 수 있었던 것도, 모두 엄마가 치밀하게 계획한 마지막 잔치 같았다.

절대 외울 수 없던 감각을 기억으로나마 더듬는 지금, 나는 여전히 엄마 곁을 감각하려 애쓰고 있다. 글을 쓰는 일도 그 애씀의 연장이다. 다시 눈을 감는다. 수도 없이 반복한 장면을 떠올린다. 나는 오늘도 엄마 손을 꼭 붙잡고 곁을 떠나지 못한다.

남은 삶

머릿속에서 그려본 호스피스 병실은 대충 이랬다. 일단 하얗다. 색이 생기를 표현한다면 호스피스 병동은 색바랜 공간이어야 할 것 같았다. 그리고 고요하다. 경건함마저 드는 고요 속에서 죽음을 기다리는 사람과 그 곁을 지키는 사람, 모두가 각자의 일을 조용히 수행하는 곳. 평소 구체적으로 상상해볼 일이 없는 호스피스 병동을 하얗고 고요하면서도 기다림이 무거운 공간일 거라 짐작했다.

직접 경험한 호스피스 병동은 상상과는 많이 달랐다. 엘리베이터를 타고 맨 꼭대기인 10층에 내리면 바로 앞에 성모마리아 상과 조경으로 장식한 로비가 나왔다. 조각상 옆에 놓인 오디오 플레이어에서는 조용한 음악이 나오고 있었다. 로비 양옆에는 병동으로 들어가는 입구가 하나씩 있었고 어느 입구로 들어가도 이어지는 복도가 중간에서 만나는 구조였다. 병동 중앙에 간호사가 상주하는 널찍한 프런트 데스크가 있었고, 프런트를 중심으로 10여 개의 병실이 복도를 따라 나란히 붙어 있었다.

내부는 대부분 나무로 만들어진 듯 짙은 갈색이었다. 어릴 적 오래된 주택에 사는 친척이나 친구 집에 갔을 때 느꼈던 익숙한 분위기가 편안하고 안락했다. 병실은 전부 미닫이문으로 대부분 열려 있었다. 병실 안쪽에는 큰 창문을 통해 바깥 풍경을 보였다. 엄마에게 배정된 1009호는 병원을 둘러싼 산을 바라보는 방향이어서 창밖의 우거진 나무를 볼 수 있었다. 수녀님은 엄마 자리가 뷰가 좋아 병동에서 제일 상석이라며 기뻐했다.

호스피스 병동은 상상과는 달리 분주하게 돌아갔다. 매일 전문 간병인 세 명이 교대로 돌아가며 근무하는데, 두세 시간에 한 번씩 체위 변경, 소변줄 점검, 거동이 어려운 환자들의 위생관리 등등 24시간 내내 환자에 따라 필요한 도움을 지속해서 제공했다.

엄마가 입원한 병실은 4인실이었다. 입원한 첫날, 담당 간병인 선생님은 보호자인 내게 필요한 물품을 친절하게 알려주었다. 하나라도 빠트릴까 메모를 하면서 들었다. 일회용 장갑과 일회용 티슈, 깨지지 않는 양치 컵, 성인용 기저귀 등등. 기저귀를 받아 적으면서 마음이 편치 않았다.

병원 1층에 의료용품과 생필품을 구매할 수 있는 상점이 있었다. 메모한 쪽지를 들고 내려가 필요한 물건을 구매한 뒤 다시 10층으로 올라왔다. 엄마 침대 오른편에 있는 사물함에 물건을 정리해 넣고 성인용 기저귀 한 뭉치를 간병인에게 어색하게 건넸다.

조심스러운 나와는 달리 엄마는 첫날부터 간병인에게 몸을 적극 맡겼다. 간병인 선생님은 건네받은 기저귀 포장을 익숙하게 뜯어 하나를 꺼내고는 엄마 침대의 커튼을 쳤다. 나는 멀찍이 떨어져 병실 입구에 무용하게 서 있었다. 커튼에 가려 엄마가 보이지 않는데도, 굳이 몸을 병실 밖으로 돌려 섰다. 오래 도움을 받아온 사람처럼, 엄마는 할 수 있는 최선의 움직임으로 간병인의 지시에 따라 움직였다. 낯선 사람에게 도움받는 일을 불편해하지 않을까 걱정했는데 엄마는 첫날부터 누구보다 빠르게 적응했다. 죽고자 하는 일은 살고자 하는 의지만큼 강했다.

나는 어려서부터 엄마를 죽음과 멀지 않은 사람으로 느꼈다. 내가 열 살쯤 되었을까. 오래도록 미워했던 형부가 세상을 등진 날, 소식을 듣자마자 엄마는 하던 일을 팽개치고 달려갔다. 주위의 만류에도 불구하고 엄마는 시신이 수습되기 전에 직접 얼굴을 보고 마지막 인사를 전해야 했다고 했다. 죽음 앞에서 엄마는 시선을 피하지 않는 사람이었다.

나에게는 엄마 곁을 맴도는 죽음이 낯설지 않았다. 미수로 끝난 엄마의 자살은 내가 이미 본 장면이었다. 어느 날엔 꿈에서 건물 옥상에서 떨어지는 엄마를 잡으려다 그 위로 같이 포개어 떨어진 적이 있었다. 나는 바닥에 닿기 직전, 소리치며 잠에서 깨어났다. 엄마의 죽음은 내 안에서 불안이 자주 상영하는 주제이기도 했다.

죽고 싶은 날에는 몸을 일으키는 일이 버거웠다. 몸을 먹이고, 씻기고, 입히고. 천장을 보며 누워, 평소엔 아무 생각 없이 하던 일 하나하나에 의미를 찾기 시작했다. 그딴 게 있을 리 없었다. 의미 없는 반복을 하느니 차라리. 차라리 뒤에는 죽고 싶다가 한동안 따라다녔다.

죽는 일. 살고 싶지 않을 때 고려해봄 직한 일. 사는 일만 평생 해왔기에 경험해볼 수 없던 일. 죽는 일. 침대에서 일어나는 일도 까마득한데 단 한 번도 해본 적 없는 일을 실행에 옮기는 건 불가능했다. 삶 한복판에 끼어 오도 가도 못하는 상황 같았다. 그래서 상상했다. 침대 맡에 동그란 버튼. 누워서 손만 뻗으면 닿을 수 있는 조그만 버튼 하나. 꾹 누르기만 하면 불이 켜지는 플라스틱 재질의 값싼 장치. 침대에 누운 채 깨지 않고 싶은 잠에서 깨어나, 도무지 몸을 일으킬 마음도, 힘도 찾지 못하던 날에는 이 버튼을 상상했다. 한번 꾹 누르면 모든 것이, 이 모든 것이 조용히 종료되는 버튼을. 엄마에게 이 버튼을 선물하고 싶었는데.

내가 할 수 있었던 건 매일 같이 죽음을 기다리는 엄마 곁을 지키는 일뿐이었다. 평생 날로 먹는 법이 없는 엄마는 죽는 일에도 할 수 있는 엄마의 최선을 부렸다. 집으로 돌아가지 않고 병원에 남겠다 결정했다. 진작 신청해둔 연명치료 거부동의서에 한 번 더 서명했다. 담당 의사에게 먹는 걸 거부하면 억지로 먹이는지 재차 확인했고, 호스피스 입원 첫날부터 곡기를 끊었다. 엄마는 죽음을 빨리 맞이하기 위해 최선을 다했다. 그러나 죽음도 삶처럼 마음대로 되는 게 아니었다.

어느 날 엄마는 꿈이었는지 섬망이었는지 간밤에 어린 내가 보였다고 했다. 엄마만 아는 장면을 설명하며, 내 어린 시절이 보이기 시작하니 일주일 이상 가지 않을 거라고, 엄마만의 논리를 펼쳤다. 논리를 가장한 엄마의 간절한 바람이었다. 일주일이 흘렀지만, 엄마는 다시 아침에 눈을 떴다. 엄마는 회진을 도는 담당 의사 선생님을 붙잡고 물었다.

"언제 갑니까. 얼마나 더 걸릴까요."

길고 긴 공부에 의사 선생님 소리씩이나 듣는 사람도 대답해줄 수 없는 질문을 엄마는 하고 또 했다. 얼마 지나지 않아 엄마는 의사 선생님도 알아보지 못하는 상태가 되었지만 죽음은 쉽게 와주지 않았다.

퇴원 시점이 가까워졌다. 호스피스 병동은 법적으로 최대 60일까지 입원기간이 정해져 있어 다른 병원을 알아봐야 했다. 전원 준비를 하던 중 입원 52일째에 엄마는 그토록 원하던 죽음에 닿았다.

내가 떼를 쓰는 아이였다면 어땠을까. 이거 사달라 저거 사달라 조르기도 하고, 마음에 들지 않으면 고집도 부리고. 그렇게 자랐다면 엄마를 내가 설득해볼 수 있지 않았을까. 엄마, 조금만 더 참고 치료 받아보자. 엄마 없이 사는 거 싫으니까, 내가 잘할 테니 조금만 더 살아보자고. 아들의 부탁이라면 '껌뻑 죽는' 엄마였으니 통했을까. 아니면 아들마저 더 참자, 더 살자 붙잡는 게 엄마를 더 힘들게 했을까.

혹시나 의심이 든다. 엄마를 붙잡지 못한 게 아니라, 붙잡지 않았던 건 아닐지. 엄마에게 아픈 몸으로 살아가는 삶은 '비생산적인' 삶이었다. 나는 엄마가 그리는 늙고 병든 삶의 풍경이 무엇인지 알았다. 엄마는 그 풍경에서 불행하고 슬픈 사람이었다. 나는 그런 엄마를 볼 자신이 없어서, 엄마가 원하는 걸 위한다고 믿고 싶었던 건 아닐까. 더 늙고 아파하며 병들어갈 엄마를 볼 자신이 없었던 건 엄마가 아니라 내가 아니었을까. 딱 엄마만큼 늙어감을 비참하게 생각했던 건 아닐까. 만약 내가 나이 듦에 대해 엄마와 다른 풍경을 상상할 수 있는 사람이었다면, 엄마가 단호히 예측하는 장면을 엎어 버리고, 다른 풍경을 보여줄 수 있었다면.

엄마가 더 아프지 않고, 고생하지 않고 가서 다행이라는 말을 한다. 나는 그 마음 한편에 엄마 덕분에 내가 빗겨간 고생에 대한 안도가 있다는 걸 인정하지 않을 수 없다. 정확히 엄마가 바랐던 바였다. 어떤 방식으로든 주위 사람들 고생시키지 않고 싶어 했던 엄마가 이겼다. 엄마가 이기는 결과는 늘 이런 식이었지. 그것이 결국 나를 위한 엄마의 최선임을 나는 모르지 않았다. 마지못해 엄마를 위해 졌다고 생각했던 그때의 나를 견디기 힘들다. 그런 나조차 감당하며 살아야 한다. 남겨진 나는 잘 살아야 한다.

3부

**엄마 곁에서
삶을 아끼지 않는 법을
배웠다**

고르고 고른 마음

 부산 국제시장에는 구제 골목이 있다. 이 골목에는 수입 의류를 보따리째 사들여 손님에게 파는 가게들이 줄지어 있다. 조그만 가게 입구마다 양이 후한 식당 고봉밥같이 수북하게 쌓인 옷 더미가 널브러져 있고 한쪽에는 목욕탕에서 볼 법한 조그만 플라스틱 의자가 마련돼 있다. 눈으로만 빠르게 훑고 지나가는 사람들이 있는가 하면, 아예 목욕탕 의자에 자리를 잡고 앉아 보물찾기 하듯 심혈을 기울이고 있는 아주머니도 많다. 내 눈엔 어느 쪽도 고수는 아니다. 이 구역 찐 고수 아들로 자란 덕분에 나는 일찍이 고수의 스킬을 간파했다. 대략 설명하자면 이렇다.

골목을 거닐며 가게 입구마다 쌓인 옷더미를 스캔한다. 눈에 띄는 게 발견되면 가게에 들어가 직접 손으로 만져본다. 꽤 쓸 만해 보이는 아이템이 많은 곳이라 판단되면 그때 본격적으로 의자에 앉는다. 여기까지는 평범하다. 무심히 옷을 뒤적이는 듯하지만, 촉감만으로 원단의 재질을 가려낸다.

이때부터 엄마의 스킬이 시작된다. 다 비슷한 천때기 같은 옷들 사이에서 캐시미어와 실크를 골라내는 고-오급 스킬. 원단을 확인한 뒤 재빠르게 이어지는 퀄리티 체크. 두 손으로 옷을 들어 만세를 시킨 다음, 뜯어진 부분이나 단추가 떨어진 곳은 없는지 꼼꼼히 확인한다. 티 나지 않게 속으로만 마음에 드는 아이템 세 장 정도 고른다. 그때부터 사장님과 벌이는 미묘한 신경전(꼬마였던 나는 옆에서 숨죽이며 지켜보았다. 엄마는 능수능란했고 긴장감은 오롯이 내 몫이었다).

3순위를 들어 올리며 무심한 듯 가격을 물으면, 옷감을 잘 모르는 초짜 사장은 삼천 원 정도 부르는데, 엄마는 능청스럽게 1순위와 2순위까지 전부 들어 올려 이천

원을 깎아주면 세 장 다 사겠다고 한다. "손님 너무하신다"며 사장님이 어색한 연기를 펼치는 타이밍에 재빠르게 만 원짜리 한 장을 내미는 엄마. 어쩔 수 없이 인심 쓴다는 듯 사장님은 만 원을 챙겨 들고 검은색 봉다리에 윗옷 세 장을 미나리처럼 쑤셔 넣어 건넨다. 잔돈으로 천 원짜리 세 장과 함께.

부산에서 가장 번화한 동네였던 남포동-광복동에서 엄마는 의상 디자이너로 일했다. 엄마의 '미스 시절'은 시장 한복판에 있는 양장점에 취직하며 시작되었다. 부산하면 바로 떠오르는 유명한 관광지인 자갈치시장, 동명의 영화가 흥행하며 널리 알려진 국제시장도 이 일대에 위치한다.

'도떼기시장'은 북적대고 사람이 너무 많아 정신없다는 뜻인데, 부산 국제시장에서 유래했다는 말이 있을 정도다. 엄마가 출근하기 전에 꼭 들렀다는 다방에서는 은행원과 동네 날라리를 함께 볼 수 있었고, 출출해지면 손님 없는 틈을 타 할매집 회국수나 거리 가판에서 비빔당면을 자주 사 먹었다고 한다. 새로 생겼을 때 당시 엄청난 인기였다는 비엔씨 빵집은 40년 세월을 지나 부산 3대 빵집이 되었다.

내 걸음걸이는 주위 지인들과 비교해 절대 빠지는 편이 아닌데도 엄마와 비교하면 어림도 없었다. 특히 시장에서 엄마의 걸음은 체감될 정도로 빨라지는데, 민첩하게 북적거리는 인파를 뚫고 시장 골목골목을 누비며 기가 막히게 원하는 목적지를 최소 시간으로 찾아냈다. 어릴 때는 말할 것도 없고 성인이 되어서도 시장에서 조금이라도 한눈을 팔면 엄마를 놓치기 일쑤였다.

이런 긴장감조차 추억으로 남아 있는 건, 엄마와 함께 경험했던 시장이라는 공간이 내게 남겨준 감각 덕분이다. 물건을 사고파는 사람들이 뿜어내는 생동감이 참 좋았고, 그 사이에서 빛을 발하는 나의 엄마가, 그 능력과 취향이 그렇게 멋져 보일 수 없었다. 엄마와 시장을 누비던 기억은 추억이라는 단어로는 어쩐지 부족하고 차라리 원형적 감각에 가까울지 모르겠다.

결혼 후 엄마는 남포동에서 동래시장으로 양장점을 옮겼는데 덕분에 나는 부산 동래 일대에서 학창 시절을 보냈다. 동래에서 멀지 않은 부전시장은 동래시장보다 훨씬 규모가 큰 종합시장이었다. 국제시장이 패션이라면, 부전시장은 음식이었다.

엄마는 근처에 일이 있으면 꼭 부전시장에 들러 장을 봤다. 오후가 되면 저녁거리를 사러 온 주부들로 도떼기시장이 되지만, 엄마는 전혀 굴하지 않고 재빠르게 사람들 사이를 헤쳐 나갔다. 내부자만 알 수 있는 확신의 걸음걸이. 엄마를 따라다닐 때마다, 분명 다른 손님들과 같은 처지임에도, 나는 왠지 VIP 패스 같은 걸 가지고 다니는 기분이었다.

골목마다 비슷한 업종이 한데 모여 있어 가게 하나를 고르기가 쉽지 않지만, 엄마는 고수답게 음식 종류에 따라 찾아가는 단골집이 따로 있었다. 가게 이름은 몰라도 골목 위치와 사장님 얼굴로 찾아내던 엄마의 최애 족발집. 메인 통로에서 비켜난 횟집 골목 안쪽 히든 스폿에 자리한 선어회 전문점 삼천포 수산(엄마와 내가 가면 "예쁜 아들내미랑 또 왔네~"하며 전어회 한 팩과 학꽁치 한 팩을 단돈 만 원에 듬뿍 담아주셨다).

그리고 부전시장의 자랑, 고래사 어묵 본점은 친구들

생일이 되면 무료 배송 금액인 5만 원을 채울 만큼 어묵을 한가득 골라 담아 선물로 보내던 엄마의 오지랖 스폿이었다.

"니는 본 기 많아서 잘하고 살 끼다. 잘 먹고! 잘 살자!"

통화 끝에 별안간 '잘 먹고! 잘 살자!'를 구호처럼 외치던 엄마. 혼밥이지만 공들여 차린 밥상 사진을 찍어 보내면 온갖 호들갑으로 기뻐하던 엄마. 최고를 해줄 수 없어서 미안해하던 모습을, 최선을 골라내던 엄마의 기억으로 덮는다. 엄마가 골라준 건 언제나 내게 가장 좋은 것이었다. 천 더미 속에서 진짜 캐시미어를 고르고 가판대에서 가장 싱싱한 생선을 골라내던 그 모습이 나를 잘 살고 싶게 한다.

이틀 뒤면 동네 오일장이 열린다. 오랜만에 장을 보러 가야지. 엄마가 물려준 나를 위한 최선을 골라 밥을 지어야겠다.

우리만의 사랑의 방식

"엄마는 가만 보면 문밖에서 기다리는 사람 같다. 뭔 말이냐 카면, 내가 방 안에서 울고 있다고 치자. 보통 엄마들은 문 열고 들어와가꼬 니 와 그라노, 괘안나 물어본다면, 엄마는 문도 안 열어보고 문 앞에 서가, 우는 소리만 듣고 방에 안 들어오는 기라. 그렇다고 무시하고 가뿌는 것도 아이고, 문밖에 서가꼬 아이고 우짜노… 하면서 애쓰는 느낌? 어떤데? 맞는 거 같나?"

엄마는 용한 점쟁이 말이라도 들은 듯 연신 고개를 끄덕였다. 언제였는지 자세히 기억나지 않지만, 사람마다 애정을 주고받는 방식이 다르다는 주제로 엄마와 이런저런 대화를 나누던 중이었다. 내 말을 듣고 엄마는 생각이 많아지는지 긴 숨을 내쉬었다. 나는 궁금해졌다. 분명 외아들로 넘치는 사랑을 받고 자랐는데도 나는 왜 늘 외롭다고 느꼈을까.

마음이 자주 무너지던 스무 살의 어느 밤. 대학 기숙사 뒤편 공터에서 오랜만에 엄마에게 전화를 걸었다. 어떤 일 때문에 힘들었는지 기억나지 않지만 분명했던 건, 엄마가 생각나는 아주 길고 긴 하루 끝이었다. 별로였던 학생식당 저녁 메뉴 따위를 얘기하며 빙빙 도는 대화였지만 눅눅히 가라앉은 내 목소리를 엄마가 알아채지 못할 리 없었다.

무슨 일인지 궁금할 법도 한데 엄마는 내게 어떤 질문도 하지 않았다. 다만 평소보다 과장된 목소리로 "아들! 맛있는 거 먹고 힘내자!"를 다짜고짜 외치더니 먼저 전화를 끊었다. 자식 일이라면 사사건건 알고 싶어 하는 엄마 때문에 친구들은 미치겠다고 하던데. 울음 섞인 목소리로 걸려온 아들 전화를 먼저 끊는 나의 엄마가 너무나 쿨해서 눈물이 쏙 들어갔다. 내심 물어봐

주기를 바랐지만 전화를 끊고 나니 헛웃음이 났다. 나만 아는 서운함은 세상 쿨한 엄마 에피소드로 농담이 되어 친구들과 웃어 넘겼다.

 말 잘 듣는 아들이자 모범생 역할에 충실했던 나는 딱히 사춘기랄 것도 없이 자랐다. 혼자 속으로 지고 있던 어떤 무거움을 일찍이 인지했지만, 적극적으로 고민하거나 도움을 요청하기에는 언어가 부재했다. 가뜩이나 학창 시절 대부분의 에너지는 수능 시험으로 초점이 맞춰졌다. 대학 입시라는 거사는 정체화—어쩌면 나 자신을 알아가는 데 가장 중요한 통과의례였을— 과정도 뒤로 밀어낼 만큼 중대한 미션이었다. 나는 대학에 입학하고 나서야 성장 과정 내내 어린 나를 침전시키던 원인이 성 정체성이라는 걸 깨달았다. 성인이 돼서야 대면한 내가 게이라는 사실은 마치 내 몸에서 갑작스레 존재감을 드러낸 큰 덩어리 같았다. 도려내고 싶은 마음과 무시하고 없는 척 살고 싶은 마음이 공존했다. 이 물감이 점점 심해졌다.

 미국으로 유학을 떠나기 전, 휴학을 결정하고 부산으로 돌아왔다. 전에 없던 비밀과 돌아오니 예전에 내가 알던 우리 집이 아닌 것 같았다. 모든 게 답답하고 불편했다. 마침 아버지 휴가와 겹쳐 엄마, 아버지, 나, 세 식구가 매일 마주하던 아주 드문 시절이었다. 하루라도 빨리 미국으로 도망가고 싶었다. 한 번도 가보지 못한 미국이 집보다 편할 것 같았다.

하루하루 더 힘들어졌고 속에서 얽히고설킨 마음은 밖으로 티가 나기 시작했다. 어느 누구도 다그치지 않는데 평범한 일상조차 불안하고 초조했다. 엄마는 거실에서 빨래를 개고 나는 소파에 누워 시시하게 나누던 대화도 줄어갔다. 엄마는 어두워지는 나를 알아차렸지만 내색하지 못하는 무거운 날들이 늘어갔다.

"우리 아들, 뭐가 마이 힘든가 보네."

어느 오후 빨래를 개던 엄마가 무거운 공기를 뚫고 던진 한마디. 나는 아무 말 하지 않았다. 엄마도 아무 말이 없었다. 대화는 이어지지 않았고 아무 일 없는 듯 일상은 계속되었다. 하지만 나는 이때 분명하게 깨달았던 것 같다. 내가 그냥 무시해버릴 수 있는 게 아니란 걸. 무엇보다 내가 그러고 싶지 않다는 걸.

엄마는 언제나 먼저 묻지 않는 사람이었다. 기어코 커밍아웃을 했을 때도 엄마는 묻지 않았다. 커밍아웃이라는 표현도 낯설었던 당시에, 나는 돌돌 뭉친 타래같이 엉킨 마음을 엄마와 아버지 앞에서 뱉어냈을 뿐이었다. 장황했지만 요지는 당신의 아들이 게이라는 사실이었다. 복잡한 얼굴을 하고 있었을 내게 엄마는 단순하게 말했다.

"그럴 수 있다. 엄마는 니가 행복하기만 하면, 그게 제일 중요하다."

끙끙 앓았던 시간이 민망할 정도로 엄마의 반응은 간단했다. 간단명료한 마음 뒤편에 엄마만의 복잡한 슬픔이 있었다는 건 나중에 알게 되었다. 불과 몇 년 전에서야 이날을 회상하며 아버지는 솔직히 많이 놀랐고, 엄마는 그날 밤 잠을 이루지 못했다고 전해주었다.

엄마도 남다른 당신의 아들을 받아들이기 위해 스스로 정리하는 과정이 필요했을 테다. 그 과정이 너무 힘들지만은 않았기를 뒤늦게 바랄 뿐이다. 만약 그때로 돌아갈 수 있다면, 엄마가 잠 못 이루던 순간을 함께 할 수 있다면, 나는 엄마 곁에서 아무것도 묻지 않고 머물고 싶다.

묻지 않는 마음이 궁금하지 않은 게 아니라는 걸, 궁금하지만 묻지 않는 마음이 서툴렀던 우리의 최선이었다는 걸 이제 안다. 궁금해도 묻지 않는 마음을 생각한다. 묻지 않아도 전부 다 털어놓고 싶은 마음도 생각한다. 두 마음을 나란히 붙이고 보니 사랑과 닮았다.

계집과 빨간 매니큐어

꼬마는 허리까지 내려오는 긴 머리를 하고 누웠다. 태어나 처음 느껴보는 부드러운 머릿결이 목과 어깨에 닿는다. 간질거리는 감각이 황홀하게 좋아서 꼬마는 꿈에서 깨고 싶지 않다. 머리를 좌우로 움직여 베개에 목 뒤를 더 깊이 비벼본다. 꿈속에서도 또 스르륵 잠들 수 있는 걸까. 기분 좋은 상상을 하다 꿈에서 깨고 말았다. 꼬마는 욕실에서 수건을 하나 꺼내 긴 머리인 양 둘렀다. 엄마 화장대에서 선글라스를 집어 머리에 걸친 다음 한껏 포즈를 취해본다. 거울 앞에서 두 무릎을 다소곳이 기대고 서 있는 모습이 꼬마가 아직 배우지 못한 단어를 풍겼다. 꼬마는 계집이라는 단어를 언제쯤 배우게 될까.

'계집'이라는 단어에는 어떤 주문이 걸려 있는 것이 분명하다. 나는 어릴 때 '계집애 같다'는 소리를 들을 때마다 순식간에 몸과 마음이 움츠러들었다. 내가 기억하는 최초의 수치심이었다. 이 불쾌한 감각을 피하기 위해 언제부턴가 행동을 조심하기 시작했다. 자발적으로 반복한 조심은 머지않아 무의식의 영역에 접어들었다.

나는 계집스럽지 않게 보이려 나도 모르게 나오는 행동까지 조심했다. 손부채로 얼굴의 열을 식히다가도, 손 모양새를 보고 키득거리는 주위 시선에 손을 내리고 더위를 견뎠다. 또래들 장난이 선을 넘어도 불쾌해하거나 말리는 대신 무심한 척하거나 동조하는 일이 계집스럽지 않은 것이었고, 단정한 글씨와 그림으로 수업 내용을 노트에 정리하는 걸 좋아했지만 계집스럽지 않으려면 정도껏 해야 했다. 도무지 눈을 떼기 힘든 근육질 가수의 브로마이드로 내 방 온 벽면을 도배하고 싶은 마음을 철저하게 숨기는 일. 그것이 바로 계집스럽지 않은 일.

열 살쯤에 찍힌 홈 비디오 속 내 모습은 경악스러웠다. 방정맞은 움직임. 과해 보이는 손동작. 변성기 오기 전의 얇고 높은 목소리. 당시 캠코더 찍는 일이 취미였던 이모부는 가족 모임마다 직접 촬영한 내용을 편집해 집집마다 비디오테이프로 만들어 나누어주었다. 어느 날 방과 후에 홈 비디오 속 내 모습을 보다가 나도 모르게 혼잣말을 해버렸다.

"꼴 보기 싫어."

주방에 있던 옥이 그 말을 어떻게 들었는지 설거지를 팽개쳐두고 거실로 달려와 나를 앉혀놓고 나무랐다. 어떻게 그런 말을 할 수 있냐고. 엄마에게는 얼마나 소중하고 예쁜 아들인데 왜 함부로 얘기하느냐고.

내뱉는 줄도 의식하지 못했던 혼잣말 때문에 혼나는 게 억울했지만, 고작 그깟 일로 나를 단호하게 혼을 내는 옥이 무척 낯설었다. 낯선 감각보다 놀라웠던 건, 내가 나 자신을 꼴 보기 싫어하는 '그깟 일'이 옥에게 훈육을 할 만한 일이었다는 사실이었다. 무의식중에 얼굴도 모르던 자기경멸을 처음 마주한 날이었다. 이날 옥의 혼쭐로도 제거되지 못한 자기경멸은 그 후 내내 익숙한 얼굴이 되어 나를 괴롭혔다.

남자들만 다니는 중학교에 입학했다. 짓궂은 남중 아이들은 기발하게도 전교에 계집애 같은 세 명을 묶어서 놀렸고, 각자 성을 따서 '한송이'라고 불렀다. 불행하게도 나는 '한송이' 센터였다. 나를 포함한 '한송이' 세 명은 전교에서 성적 상위권에 드는 모범생이었다. 성적이 곧 계급이 되는 학교라는 세계에서 우위를 점하고 있었고, 선생들도 이들에게 별 고민 없이 반장과 같은 감투를 쉽게 씌웠다.

나는 '한송이'라는 별명이 불쾌했어도 타격감은 크지 않았는데, 학교에서 인정받는 나의 또 다른 자아가 쿠션이 되어 불쾌감을 견딜 수 있었다. 한데 묶여 놀림당하는 것도 싫었지만 굳이 내색하지 않았다. 몇몇 무리의 유치한 장난에 휘둘리기 싫었고 무엇보다 나는 나머지 두 명과 다르다고 믿었다. 너무 계집애 같은 쟤들 때문에 나까지 싸잡아 놀림을 당한다고 생각했다. 놀리는 아이들보다 같은 처지로 놀림당하는 한과 이가 더 꼴

보기 싫었다. 아무래도 내가 너네 정도는 아니지. 웬만하면 셋이 모이게 되는 자리를 피해 다니며 학교생활을 했다.

'한송이'에 끼지 못한 겸이의 경우는 상황이 달랐다. 반 꼴찌를 면하면 다행인 등수였던 겸이는 남자아이들의 손을 많이 탔다. 계집애 같다는 이유로 놀림당하는 것이 겸이만은 아니었지만, 애들은 유독 겸이에게 더 무례했다. 또렷한 이목구비의 조그만 얼굴, 오밀조밀한 눈 코 입과 새하얀 피부. 이쁘장하다는 표현은 겸이를 위해서 만들어진 단어 같았다. 사춘기를 통과하는 남자 중학생들의 성욕은 이런 겸이를 모두의 계집으로 만들었다. 반과 반을 넘나들며 여러 무릎에 앉혀졌고 쉬는 시간만 되면 교실 뒤에서 뒷치기를 당했다. 겸이의 가슴과 엉덩이를 붙잡고 앞뒤로 흔들어댔다. 이 와중에도 겸이는 미소를 잃지 않았다. 심지어 어떤 날은 분위기에 맞추어 신음 소리를 내기도 했다. 보란 듯이, 계집스럽게.

나는 어떤 눈빛으로 겸이를 바라보았던가. 발갛게 상기된 볼과 살짝 올라간 입꼬리, 슬퍼 보이는 눈빛. 겸이의 복잡한 얼굴을 오래도록 응시하던 내 시선을 나는 도무지 이해할 수 없었다.

경멸. 연민. 물과 기름처럼 느껴지는 두 감정 사이에서 널을 뛰다가도 별안간 질투가 유독 가스처럼 새어 나왔다. 함부로 원해지고 무례하게 범해지는 겸이가 부러웠다. 미치도록 부럽다가도 나는 나의 계집스러운 부러움에 남몰래 소스라쳤다. 나는 겸이와는 달라야 했다. 내 멋대로 이 악물고 낮잡아봐야 했다. 겸이의 슬픈 눈빛을 밟고 올라서 내려다본 그 세계는 하찮고 불온한 낭떠러지. 계집의 세계. 나는 겸이보다 계집스럽지 않아서 천만다행이었고, 겸이만큼 계집스럽지 않아서 불행했다. 조금만 발을 헛디디면 미끄러질 것 같아 불안해하면서도 끝도 없이 미끄러져버리는 나를 상상했다. 연민은 간단했고 질투는 강렬했지만 외면은 편리했다.

아주 오래전 찍은 사진에 수건을 머리인 양 두르고 두세 살쯤의 내가 포즈를 취하고 있다. 머리에 얹은 선글라스를 쥔 작은 손톱에는 빨간 매니큐어가 반짝인다. 엄마가 즐겨 바르던 매니큐어와 같은 색이다. 엄마는 어린 아들을 어떤 마음으로 바라보았을까. 나 자신도 조마조마했던 계집스러움을 엄마는 정말 개의치 않았을까. 내 안의 자기경멸은 엄마 덕분에 색이 바랜 걸까.

"이모, 여기 소주 한 병 더요!"

방금까지 하이톤으로 서로를 이년 저년 부르던 무리 중 하나가 갑자기 목소리를 내리깔고 주문을 한다. 그 낙차는 오늘 밤도 실패 없는 농담이 되었고, 너나없이 자지러지며 술잔을 부딪친다. 계집 같은 목소리를 숨기며 낮을 견뎌낸 보상으로 밤을 누리기 위해 모두가 여기에 모였다. 종로 포차 거리. 여기저기 부딪치는 술잔과 끼스러운 웃음 사이에서 얼큰하게 취해가다가 문득 궁금해졌다. 대낮에도 숨길 수 없던 계집의 안부가.

시간을 절이는 방법

얼마 전에 드디어 냉장고 정리를 해치웠다. 자취의 역사는 길었지만, 냉장고 정리는 좀처럼 익숙지 않아 미루고 있던 터였다. 조그만 원룸형 냉장고 곳곳에 엄마의 흔적을 쉽게 찾을 수 있었다. 부산 집에 다녀올 때마다 싸 들고 온 각종 식재료. 용기에는 내용물을 쉽게 알 수 있도록 엄마가 직접 쓴 이름표가 붙어 있었다. 엄마 손 글씨는 워낙 개성이 강하고 독특해서 절대 다른 사람과 헷갈릴 수 없다. 의상실 간판 디자인으로 쓰기도 했는데, 어쩐지 본인은 악필이라 여겨도 나는 한눈에 알아볼 수 있는 엄마 글씨를 참 좋아했다.

매운 고춧가루. 들기름. 단촛물.

단촛물은 다 쓴 지 한참 지났지만 버릴 수 없었다. 글씨가 번지지 않도록 이름표 주위만 살살 씻어 그대로 말려두었다. 냉장고 안쪽 구석에서는 얼마나 있었던 건지 기억조차 나지 않는 잼을 발견했다. 겉이 멀쩡해 살짝 맛을 보니 묵직한 단맛이 났다. 오디잼이었다. 엄마는 남은 과일을 꼭 잼이나 청으로 만들었다. 언젠가 친구가 가져다준 오디가 너무 많이 남아 무르기 전에 잼으로 만들었다던 엄마가 불현듯 떠올랐다.

> 요리를 보통 삶이라 보면, 절임을 만드는 건 시간을 지연시키는 일, 금방 상하는 과일을 거의 무한하게 유지시키는 기술이다. (…) 그렇게 무르고 수상쩍은 절임을 만들었다. 그 검은색 덩어리를 유리병에 옮겨 담으면 겨울에도 여름의 맛을 느낄 수 있었다.
>
> 리베카 솔닛 『멀고도 가까운』 김현우 옮김 p.125~128 반비 2016

잘 먹지도 않는 잼을 굳이 챙겨온 거였다. 엄마가 공을 많이 들였다고 가져가서 먹어보라는데 거절할 수 없었다. 그런 식으로 마지못해 부산에서 가져온 음식이 아직도 냉장고에 있다. 보통 오래된 음식은 엄마가 준 거라도 눈 딱 감고 버렸는데 이번에는 그럴 수 없었다. 좀 야무지게 제때 챙겨 먹을걸. 약 부작용으로 속이 메스꺼워 한동안 부엌 근처에도 가지 못했던 엄마였는데. 그래도 잼 만들 때는 몸이 좀 괜찮았구나 싶었다. 오디 꼭지를 일일이 땄을 엄마 손을 떠올리며 새삼 부엌일은 몸으로 하는 것임을 깨달았다. 몸은 사라졌는데 엄마 손으로 만든 오디잼이 냉장고에 남아 있다. 변함없는 맛이 신기하고 쓸쓸했다.

2022년 우연히 알게 된 홍승은 작가의 글방을 계기로 글을 쓰기 시작했다. '너의 몸'이라는 주제로 다양한 몸에 대한 이야기를 써보자는 모임 소개 글에 끌려 등록했다. 엄마가 폐암 진단을 받고 1년이 넘어가던 무렵이었다. 엄마를 주제로 써야겠다 마음먹고 신청한 건 아니었지만 대부분 엄마에 관한 글이 되었다. 짧게는 6주, 길게는 9주 동안 진행되는 일정을 따라가다 보니 꽤 많은 글이 쌓였다. 마지막으로 함께한 글방은 호스피스 입원 직전에 시작해 장례식을 치르고 끝이 났다.

엄마에 관한 글을 책으로 만들기 위해 나는 여전히 쓰고 있다. 엄마가 떠난 지 1년이 채 지나지 않았다. 계속 쓰는 일이 힘들지 않냐는 친구의 걱정에 나는 쓸 수라도 있어 다행이라고 답했다. 쓰지 않고 엄마 없는 현실을 살아가는 방법을 난 아직 모른다.

엄마를 쓰지 않을 수 없었던 시간을 글방과 함께 통과했다. 그사이 엄마는 투병을 끝내고 비로소 죽음으로, 삶으로부터 해방되었다. 엄마 생전에 썼던 글을 다시 천천히 읽어보았다. 살아있는 엄마 곁에 있는 그때의 내가 아득하다. 지금의 나는 글 속의 나를 잘 알지만, 그때의 나는 지금의 나를 결코 상상할 수 없었다. 엄마 없는 삶이 현실이라는 게 여전히 거짓말 같다. 그래서 부러웠다. 무너지는 마음으로 쓴 글조차, 살아있는 엄마 곁에서 썼을 그때의 내가 사무치게 부러웠다.

글 속 엄마와 나는 마치 절임처럼 유리병에 담겨 있는 것 같다. 다시 맛볼 수 없는 그때의 우리를 글 안에 절여둔 내가 어쩐지 대견하다. 엄마 곁에서 보낸 시간이 익숙한 단맛을 내며 입안에 퍼진다. 하나씩 꼭지를 딴 오디를 설탕을 녹인 물에 졸이며, 불 앞을 지켰을 엄마의 시간. 이젠 세상에 없는, 그러나 부패하지 않을 시간을 나 혼자 음미한다.

언제부턴가 사람을 책으로 상상해보는 습관이 생겼다. 사람이 한 권의 책이라면 그 사람의 삶을 내 손으로 펼쳐보는 상상. 적당한 조명 아래 편안한 책상에 앉아서 첫 페이지부터 읽기 시작한다. 문장과 문장 사이에 미처 단어로 태어나지 못한 순간까지 상상하며 책을, 삶을, 사람을 읽는다. 사람을 쓰는 일은 어쩌면 가장 성실한 사랑일지 모른다.

어느 날의 편지

안녕, 엄마!

요즘 출근길에 엄마가 좋아하는 조팝나무가 만개해서 난리도 아니다. 날씨 따뜻해지고 젤 먼저 찾은 게 조팝나무였는데 한동안은 안 보이더니 며칠 전부터 여기저기서 예쁘게도 피었더라. 엄마가 하도 좋아하니까 사진이랑 영상, 잔뜩 찍어가꼬 보낸 게 불과 작년인데 왜 이래 아득하게 느껴지노. 아마도 사진 찍어서 보낼 수 없는 곳에 엄마가 가버려서 그런 것 같다.

먼저 잘 지내냐고 묻고 싶었는데 이게 맞는 질문인가… 망설이다가 못 썼다 아이가. 대답을 들을 수 없어서 그런가 봐.

 엄마. 우리 집 현관 거울 옆에 조그만 자리를 마련했는데 거기다가 엄마 사진이랑 나비 반지를 뒀지롱. 분명 뭔 놈에 청승이냐 잔소리할 것 같지만, 매일 출근하면서 엄마한테 인사하고 나가는 게 내 루틴이 되었음. 늦잠 자서 10분 만에 초고속으로 챙겨 나올 때도 까먹지 않는 루틴이지요. 호호.

 매일 엄마한테 말 걸지만, 이래 편지를 쓰는 건 또 처음이네. 사실 어디로 부쳐야 할지 모르는 편지라 쫌 어색하긴 하네. 엄마 방 정리하면서 보니까 이때까지 내가 쓴 편지 모아둔 게 있더라고. 쓸 때는 몰랐는데 많이도 썼더라. 생일이며 기념일마다 나는 왜 그래 편지를 열심히 썼는지… 그냥 집으로 가서 엄마 얼굴 보고 밥 먹고 말로 할걸… 솔직히 쪼금 후회도 된다. 그러고 보니 오늘이 어버이날이네.

 엄마. 어젯밤에 엄마 꿈에 나왔디! 꿈에서 엄마가 내한테 전화를 한 기라. 새 병원으로 옮겼다고 해서 내가 바로 차 끌고 갔다 아이가. 근데 병원에 도착했는데 주차장이 이상한 거라. 땅이 울퉁불퉁해서 어째 주차하려고 이랬다저랬다 한참을 애쓰다 보니 꿈에서 깨버렸음. 엄마 얼굴을 못보고 꿈에서 깨는 바람에 너무 아쉽더라… 그래도 통화할 때 목소리에 힘이 있어가 안도는 되더라고. 얼굴은 못 봤지만, 너무나 반가웠지. 고맙고. 언젠가 꿈에서도 아프지 않은 엄마를 만날 수 있으면 좋겠네.

엄마. 지난주에는 막내 이모가 이모부랑 베트남 여행 간다 케서 내가 용돈 부쳤다 아이가. "바쁜 박 서방이 가뭄에 콩 나듯이 여행 가는데 내가 원조를 해야 안 되겠나!" 카믄서 어찌든동 이모한테 용돈을 들이밀었을 엄마가 눈에 선해가 내가 대신했다 아이가. 잘했제? 어제는 이모가 여행 갔다 와서 전화가 왔는데 내 선물 뭐 좀 샀다고 택배를 부쳤다더라. 엄마 동생 답제? 우째 그래 받는 것만 못하는지… 엄마랑 완전 똑같다! 못 말린다, 진짜.

엄마. 보고 싶은 엄마. 우리 언제 또 만날 수 있을까.

엄마 때문에 내가 요즘 질문이 많아졌다. 엄마는 어디로 간 걸까. 어디에 있을까. 우린 언제 다시 볼 수 있을까. 그게 가능하긴 한 걸까. 장시간 비행기 타는 거 질색인데 그래도 백 시간이고 타고 가서 엄마 볼 수 있다 카면 내 지금 당장 표를 끊을 텐데. 아직 1년도 안 지났는데 엄마가 너무 보고 싶어지는 날에는 한없이 막막해질 때도 있고, 그러다가 시간이 또 너무 빠르게 흐르면 엄마가 곁에 있던 기억이 너무 멀어져 아득해지는 게 무섭기도 하고.

엄마. 나는 엄마 보고 싶어서 자주 슬프지만 그래도 자주 행복하다. 엄마가 보고 싶어서 슬픈 순간도 행복이라고 생각하니까 좋다. 눈물 날 만큼 엄마가 보고 싶을 때는, 신기하게도 그 순간이 가장 엄마를 가깝게 느끼는 것 같아서. 엄마가 너무 오래 슬퍼하지 말라고 했지만, 요즘 내는 이렇게 산다.

엄마. 엄마. 잘 지내제? 잘 지내야 된다. 잘 지낼 수밖에 없는 곳에 있다고 나는 믿는다. 엄마의 안위를 내가 직접 돌보고 확인할 수가 없어서… 내가 할 수 있는 건 믿는 일뿐이니까. 엄마가 잘 지내리라, 아프지 않고 편안하리라, 매일 믿고 또 믿는다. 편지를 쓰면 좀 덜 그리울까 했는데, 더 보고 싶어지네. 우짜겠노. 그만큼 많이 사랑하는 걸.

엄마, 오늘 밤에는 꿈에서 얼굴 볼 수 있으면 좋겠다.
또 쓸게.

아들 강원

장면의 이면

 옥과 함께 떠올리지 않기가 힘든 두 사람이 있다. 남편과 시어머니다. 50년대에 태어난 많은 여성이 그랬듯, 딸은 자연스레 아내가 되고, 아내 바로 뒤에는 며느리가 따라왔다. 옥은 삶 깊숙이 들어온 두 사람에게 오래 자리를 내주었다. 막상 자기 자리가 없다는 걸 깨달았을 땐 30년이 지나 있었다. 미움도 사랑만큼 자리를 차지하는 일이었다. 나이 앞자리가 6으로 바뀌고서야 옥은 지난 장면을 돌아볼 수 있었다. 안쓰러울 정도로 성실한 자기분열의 시작이었다. 이미 지나버린 장면에 다른 해석이 생긴다는 건 고통스러운 일이었다.

남편은 있어야 할 자리에 자주 부재했다. 해외에서 선박 기관장으로 일하며 자신만의 최선을 다했지만, 남편의 최선은 대부분 장남의 최선으로 치환되었다. 결혼은 관계의 책임이 커지는 일이었지만 그 자리에 옥은 혼자일 때가 많았다. 집안의 큰며느리로서 자주 금전적인 요구를 받았고, 의상실에서 번 돈을 시댁으로 때마다 보냈다. 시어머니는 어린 시동생 둘을 옥에게 키우라고 했다. 상의도 아닌 명령 같은 통보에 옥은 어렵게 거절했지만, 점점 많아지는 요구를 도리라는 이름으로 소화했다. 옥은 남편이 자리를 비운 동안 일어난 일을 구구절절 전할 수 없었다고 했다. 말하지 않는 것이 남편의 자리를 존중하는 일이라 믿었다고 뒤늦게 후회하며 말했다.

  남편의 귀국만을 기다리며 독기를 품은 시절도 있었다. 더는 견디지 못하겠다 이혼을 결심했지만, 1년 넘도록 외국에서 고생하다 돌아온 남편에게 옥은 이혼이란 말을 꺼낼 수 없었다고 했다. 옥은 자신의 생일을 한 번도 챙겨 받지 못해도, 시어머니 생일이 되면 자신의 엄마에게도 해준 적 없는 가장 좋은 것을 선물했다. 자주 집을 비우는 남편은 옥의 일상적인 배려를 일일이 알아차리지 못했다. 티나지 않았던 옥의 안간힘은 세월이 흐르며 당연시되었고, 속으로 삭인 상처의 장면들은 마음 안에 겹겹이 쌓였다.

나는 순수한 관객으로 옥의 장면에 몰입할 수 없었다. 옥 안에 새겨진, 지우고 싶어도 지워지지 않는 장면에 등장하는 두 사람은 나의 아버지이고 할머니였다. 나 역시 그들과 다르지 않은 또 하나의 등장인물이었다. 나는 아무것도 하지 않아도, 집안의 외동아들이자 장손으로 대접받고 자랐다. 옥의 안간힘 위에 깃든 대접이었다.

초등학교를 졸업하고서야 '고부 갈등'이라는 단어를 배웠다.

"엄마, 우리 집은 그런 거 없제?"

"왜 없노, 엄마도 많이 힘들지."

나의 물음에 옥은 복잡한 미소를 지으며 답했다. 그때 나는 의외의 대답이라고 생각했다. 눈에 보이지 않는 이면이 존재한다는 걸 처음 배웠던 순간일지 모른다.

남편에게도 말을 아끼던 사람인데 기껏 중학교 입학을 앞둔 아들에게 시집살이를 하소연할 옥이 아니었다. 어린 눈에는 보여주고 싶지 않은 장면을 숨기려 애쓴, 혼자만의 시간이 있었으리라 이제야 짐작할 뿐이다. 좋아 보이는 건 다 좋은 것인 줄 알았던 아이는 이날을 계기로 옥의 이면에 존재하는 슬픔을 알아차리기 시작했다.

나이가 들어가며 옥은 잊히지 않는 장면들을 반복해서 꺼냈다. 대부분 상처의 현장이었다. 상처가 된 장면은 옥 안에 깊숙이 자리 잡아 다른 기억을 꺼낼 때도 딸려 나왔다. 그렇게 나온 장면은 반복 재생되었다. 매번 같은 장면으로 돌아가 그 장면을 반복하고, 또 반복했다. 나는 도무지 이해할 수 없었다. 왜 과거를 그렇게 자주, 그토록 자꾸 꺼내는지. 한참이 지나서야 그건 과거의 장면이 아니라 현재의 이면이라는 사실을 알았다. 장면으로 새겨진 상처는 현재의 이면으로 두고두고 상연된다는 걸 옥을 통해 배웠다.

60대가 된 옥은 이야기를 쏟아내기 시작했다. 아니, 이야기가 속에서 뛰쳐 나왔다는 표현이 더 적절하다. 장면 사이에는 돌보지 못한 마음이 엉겨 있었다. 나는 시간을 역류해 터져 나오는 이야기를 다행으로 여겼다. 이것이 통과해야 할 과정이라면 그 끝에서는 옥이 편안해지기를 바랐다. 하지만 이야기 끝에 옥은 늘 자신으로 돌아갔다. 출국 전날 밤 등 돌리고 잠든 남편의 뒷모습에서 느꼈던 어느 밤 외로움을 토로하고, 시어머니가 했던 모진 말에 어제 일처럼 울분을 터뜨리다가도, 언제 그랬냐는 듯 그만의 사정이 있었을 거라고 변호하고 이해하려 했다. 한 장면에서 두 명의 배역을 억지로 맡은 사람 같았다.

마침내 엄마는 자신을 위해 시어머니와 연락을 끊기로 결심했다. 두 사람 사이에서 곤란해진 아버지는, 오래 참아온 엄마의 선택이 어떤 맥락에서 이루어진 것인지 이해하지 못하고 자꾸 할머니 얘기를 엄마에게 꺼냈다. 아버지의 입장에서는 난데없이 틀어진 고부관계를 이어붙이려 묻지도 않은 안부와 소식을 전했다. 엄마의 속에서는 불이 끓었다. 엄마를 평생 괴롭힌 상처의 현장을 만든 범인이 자신의 어머니였다는 사실을 아버지는 받아들이기 힘들어했다. 아버지에게는 따뜻한 엄마일지 모르지만 당신의 아내에게는 그렇지 않다는 걸 왜 그렇게 받아들이기 힘들어했을까. 그런 아버지와 싸우다가 무너지는 날이면 엄마는 내게 전화를 걸어 하소연을 했다. 나는 더는 두고볼 수 없어 직접 아버지에게 말했다. 평생 동안 화상을 참아온 엄마에게 자꾸 불을 가져다 대지 말라고. 버티고 버티다 이제야 몸을 웅크려 피하고 살겠다는데 아버지에게나 따뜻한 불을 왜 자꾸 들이미냐고.

연락을 끊고서도 매년 시어머니 생신 때가 돌아오면 엄마는 불편한 마음에 힘들어했다. 수십 년 동안 가족의 대소사를 챙기는 일이 몸에 새겨진 터라 쉽게 떨칠 수 없는 게 당연했다. 5년쯤 지나서야 엄마는 시어머니의 생신을 챙기지 않는 자신이 비로소 편안해졌다고 고백했다.

모순된 마음이 속에서 얼마나 오래 뒤엉켜 다투었던 걸까. 지난한 내분의 끝에서 옥은 결국 자신의 멱살을 잡았다. 다른 누구도 아닌, 여전히 같은 장면에 갇혀 있는 자신을 제일 미워했다. 지우고 싶어도 지워지지 않는 장면을 붙들고 목 놓아 울던 옥의 얼굴을 기억한다.

스무 해가 넘었지만 제대로 환기된 적 없는 내상이 벌건 속을 드러내던 시절이었다. 나는 옥의 장면이 상연되는 무대로 난입해 옥을 어떤 방식으로든 꺼내오고 싶었다. 할 수만 있다면 무대를 다 엎고 처음부터 다시 쓰고 싶었다.

어떤 장면은 잊히지 않는다. 옥의 장면은 내 안에도 새겨졌다. 모순된 마음이 서로 다툰다. 장면 장면을 샅샅이 펼쳐내 등장인물 모두를 탓하고 싶다. 옥의 장면에 대한 나의 해석이 안간힘으로 살아낸 관계를 무너뜨릴까 두렵다. 나는 지금 장면의 이면을 드러내는 일을 망설인다.

취향의 역사

 구제품 가게로 전략을 바꾼 건 잘한 일이었다. 브루클린 숙소 근처에 있는 가게를 몇 군데나 돌았지만 내 치수에 맞는 건 찾을 수 없었다. 오히려 중고를 파는 구제 가게를 가보는 게 어떻겠냐는 엄마의 제안에 바로 구글 맵을 켜서 검색을 시작했다. 사이즈만 맞으면 중고가 오히려 편할 거라는 엄마 말에 나는 쉽게 설득됐다.

 그리 멀지 않은 곳에 잡화를 파는 구제 가게가 있었다. 10월, 다소 흐린 날씨의 뉴욕이었다. 가게를 향해 걸으면서 이곳에 엄마와 같이 있다는 사실이 믿기지 않았다. 독일에서 제대 후, 춤을 추고 싶다는 이유 하나만으로 다짜고짜 뉴욕으로 건너온 나도 나지만, 그런 아들을 만나러 그토록 힘들어하는 비행기를 열세 시간 넘게 타고 뉴욕까지 날아온 엄마도 엄마였다. 갑작스러운 제대였고, 그토록 오고 싶었던 뉴욕에 왔고, 엄마까지 옆에 있다는 게, 모든 게 선물 같았다. 무엇보다 엄마와 내가 사랑해 마지않는 구제 쇼핑을 남포동이 아니라 브루클린에서 하고 있다니.

가게는 작지 않았다. 의류부터 액세서리, 가방 등 종류 별로 없는 게 없었고, 한쪽 구석에 신발 코너가 따로 마련되어 있었다. 쇼핑만큼은 임무를 수행하는 스나이퍼 뺨치는 집중력을 발휘하는 엄마였다. 엄마는 신발 하나하나를 살펴보더니 얼마 지나지 않아 한쪽에서 어설프게 뒤적거리고 있는 나를 불렀다.

"아들, 이게 앞에 지퍼도 있어가, 네 발 폭 넓은 것도 카바 되겠는데? 함 신어봐라."

전문가의 분부대로 나는 바로 양말을 벗었다. 왠지 주위 사람들 눈치가 보였지만 여기는 뉴욕이니까 생각하며 용기를 냈다. 양쪽 모두 신고 지퍼까지 올렸더니 내 발 크기에 딱 맞았다. 또각또각 소리를 내며 한쪽에 마련된 거울 앞에 섰다.

쭈뼛거리고 어색해하는 나와는 달리 엄마는 확신의 끄덕임으로 외쳤다. "딱이네!" 그렇게 우리는 뉴욕 브루클린 구제 가게에서 하이힐 쇼핑에 성공했다. 발등 쪽에 지퍼가 달린 265 사이즈의 검은색 토오픈 하이힐. 인생 첫 하이힐이었다. 일주일 뒤, 나는 엄마가 골라준 하이힐을 신고 뉴욕 브로드웨이에서 힐댄스 수업을 듣고 있었다.

엄마는 남달랐다. 어릴 때부터 내게 해준 여러 조언('남자라고 색깔 입는 걸 두려워하면 안 된다' '피부에 편한 소재를 잘 골라 입어야 한다' '좋은 원단과 디자인의 옷은 비싸도 투자할 가치가 있다')들이 쌓여 지금의 내 취향에 고스란히 반영되었다.

BB크림이 유행하기 시작하고 화장에 관심을 보일 때 본인이 쓰지 않는 파운데이션을 권해준다거나, 홈쇼핑에서 때마다 유행하는 제품을 살 때 내 것도 꼭 하나씩 챙겨주었다(그 유명한 '견미리 팩트'를 엄마에게 선물 받아본 아들이 바로 나다). 엄마를 생각하면 '편견 없다' '개방

적이다' '열려 있다' 등의 표현이 상투적으로 느껴진다. 엄마는 취향에 관해 누구보다 넓고 다채로운 시각을 가졌고, 동시에 어울리는 걸 골라낼 줄 아는 안목과 적극적으로 권할 줄 아는 소신 있는 사람이었다. 성별은 가뿐히 뛰어넘는 '취향력'을 자식을 위해서 한껏 발휘한 엄마는 내 인생 퍼스널 쇼퍼였다.

엄마는 내가 입고 걸칠 것들을 자주 사놓았다. 오랜만에 집에 들를 때면 내 방 침대 위에 다양한 아이템이 기다리고 있었다. 국제시장 구제 가게에서 '기가 맥히게' 발견한 깔끔한 디자인의 가방부터 원가 세일을 하는 아울렛 매장에 들렀다가 평소에는 기십만 원을 주고 사야 하는데 '딱 니 사이즈가 남아서 건진' 고급 원단의 재킷, 옷장을 정리하다 지난번에 산 내 셔츠랑 잘 어울릴 것 같아 선뜻 내놓은 엄마 스카프까지. 성인이 된 이후 엄마가 사준 옷을 입는 일은 왠지 자연스럽지 않지만, 운 좋게도 그 엄마가 의상 디자이너가 업이었던 사람이면 이야기가 달라진다.

엄마는 타고난 감각의 소유자였던 반면, 애석하게도 나는 아니었다. 대학에 입학하고 나도 드디어 취향이라는 것이 생기기 시작할 즈음 홍대 옷 가게에 간 적이 있다. 당시 대안 문화에 꽂혀 있던 친구를 따라 찾은 곳이었다. 사장님의 화려한 영업 멘트와 옆에서 부추기는 친구 때문에 이것저것 입다 보니 시간 가는 줄 몰랐고, 정신 차려보니 상하의 세트를 사 들고는 가게를 나섰다. 옷을 직접 사본 경험도 거의 없었고, 나름 새로운 스타일을 시도하고 싶어 큰맘 먹고 지른 터였다. 엄마가 내가 산 옷을 어떻게 생각할지 너무 궁금했다.

당당히 세트로 빼입고 집에 등장한 나를 보더니 엄마는 말을 잇지 못했다. 인사도 건너뛴 침묵이 흘렀고, 말을 고르다 실패하고 고개를 내저었던 엄마. 두말할 것 없이 당장 갖다 버리라고 말했다. 엄마가 이렇게 단호한 사람이었던가. 지금까지도 미스터리인 것은, 분명 매장에서 입었을 때는 히피와 보헤미안 감성이 충만한 이국적인 에스닉 룩이었는데, 집에서 보니 세상 후줄근했다. 엄마 표현을 빌리자면 "거적때기 같은 천 쪼가리"를 내가 입고 서 있는 게 아닌가. 얼마 주고 샀냐 묻는 말에 나는 대답 대신 말끝을 흐렸다. 엄마는 어이없는 표정으로 웃으면서, 많이 입어보고 실패도 해봐야 뭐가 어울리는지 알 수 있다고 했다. 그날 이후, 나는 그 옷을 두 번 다시 입지 않았지만 후회는 없었다.

혹독한 신고식을 치르고 우리가 공유한 '쇼핑의 역사'는 세월과 함께 쌓여갔다.

"역시 니가 내 닮아가 보는 눈이 있네."

알게 모르게 내게도 엄마의 취향이 스며들어 호평을 듣는 날도 늘었다. 좋은 점수를 얻기 위해서는 몇 가지 조건을 충족해야 하는데 가성비는 제일 중요한 덕목이었다. 엄마의 취향 저격일 게 분명한 확신의 아이템을 저렴하게 구매한 날에는 무조건 엄마에게 자랑했다. 엄마도 질세라 전화로라도 꼭 나에게 자랑을 했고 늘 마지막 질문은 익살스러운 톤으로 "얼마 주고 샀게~~~"를 시전했다. 나는 예상하는 가격보다는 조금 높게 답했고, 그보다 더 가성비 좋게 구매한 사실에 함께 감격함으로써 '성공한 쇼핑'의 피날레를 장식했다.

"이야, 니 이제 엄마 없어도 되겠네."

칭찬인 줄 알면서도 엄마가 이렇게 말할 때면 왠지 슬펐다. 처음엔 엄마 없으면 안 된다고 배울 게 아직 많다고 받아쳤지만, 엄마가 아프고 나서는 대답이 달라졌다.

"엄마가 잘 키워놔서 이 정도 한다 아이가. 그니까 엄마 걱정할 거 하나도 없다."

엄마의 타고난 감각은 늘 내게 선망의 대상이자 기준이었기에 쉽게 도달할 수 없을 것이다. 대신 취향도 유산이라면 내게 잘 어울리는 것을 고르는 능력은 엄마가 남겨준 것이리라. 지금도 신발장 한쪽에 뉴욕에서 산 하이힐 한 켤레가 있다. 지퍼가 살짝 낡았지만, 취향은 바래지 않았다.

남자 벗기

어린 나는 서울에 사는 이모 집에 왔다. 엄마는 부산에 있고, 이모는 방 안에서 바이올린 레슨 중이다. 커다란 옥색 소파가 있는 넓은 거실에 혼자 앉아 있다. 나는 심심해서 오디오 플레이어를 만지작거리다 버튼을 누른다. 처음 들어보는 노래가 흘러나온다. 네가 나를 모르는데, 난들 너를 알겠느냐. 고작 네다섯 살쯤 되었을 아이는 가사가 무슨 뜻인지 알 수 없다. 하지만 멜로디가 이상하게 마음을 간지럽힌다. 그냥 듣고만 있을 수 없어 음악에 맞춰 몸을 움직인다. TV에서 보았던 무용수 흉내를 내며 거실을 휘젓기 시작한다. 애절한 구절에 바닥으로 주저앉았다가 어느 순간 소파를 타고 올라 다시 거실을 돈다. 거실은 무대가 되고 소파는 무대 세트가 된다. 노래가 끝나자마자 다시 재생버튼을 누른다. 그리고 또 무대를 휘젓는다.

내가 경험한 가장 최초의 춤, 오래된 몰입의 기억.

시간 가는 줄도 모르게 춤을 추다가 내 이름을 부르는 목소리에 정신이 번쩍 든다. 숨을 가쁘게 내쉬며 땀에 흠뻑 젖은 아이를 이모는 신기한 듯 쳐다본다. 나는 부끄러워져 눈을 맞추지 못한다.

어릴 때 본 어느 영화에서는 변신하면 초능력이 생기는 주인공이 등장한다. 단, 변신 조건은 아무도 지켜보는 사람이 없어야 했다. 위기 상황에서 급하게 변신을 시도하지만 주변 사람들 때문에 번번이 실패한다. 주인공은 사람들의 시선을 피해 혼자 있을 수 있는 장소를 찾아다니다가 기어코 변신에 성공한다. 춤을 추며 무아지경에 빠졌던 최초의 몰입을 회상하며 나는 주인공의 변신을 떠올린다.

정확히는 모르지만, 당시 나는 세 살보다 많았던 건 분명하다. 91년에 발매된 가수 김국환이 부른 노래 「타타타」가 유행하던 시절이니 대략 들어맞는다. 아주 어렸을 때 경험은 또렷이 기억하기 힘들다고 하는데 이날 만큼은 신기할 정도로 생생하다.

흥이 많은 아이였지만 남들 앞에 나설 용기는 없었다. 나는 공부가 우선이라는 명분 뒤에 숨어, 춤은 계집애들이나 추는 거라고 스스로를 타일렀다. 계집애 같다는 소리를 들을까 봐 부단히 애쓰던 어린 날이었다. 놀림당할 때 느끼는 부끄러움은 춤을 추다 들켰을 때와 비슷했다. 부끄러움은 키와 함께 자랐고 이내 수치심이 되었다.

수치심과 정체성이 연결되어 있다는 건 어른이 되고 배웠다. 나는 분명 남자로 태어났지만, 세상이 기대하는 남자는 어쩐지 내가 아니었다. 남자를 입고 태어난 덕에 혜택을 누리기도 했지만, 불행히도 남자라는 옷은 메이드 인 코리아. 스무 살이 되자 숨통을 더 조였다. 한국 남자로 태어난 이유로 군대에 가야 한다는 것이 타고난 신분에 따라붙는 낙인 같았다. 벗어버릴 수도 없는 정체성에 혼란을 느끼며 성인이 되었다.

뒤늦게 깨달은 성 정체성은 내가 입고 있던 남자라

는 옷과 알레르기 반응을 일으키는 듯했다. 그 이물감은 가만히 두면 발진처럼 온몸을 타고 번졌다. 나는 그것을 어떻게 다루어야 할지 몰랐다. 그래서 극단적이었다. 숨기거나 과시하거나. 지금 돌아보면 어느 쪽도 내 선택은 아니었지만 과시하는 일은 숨기는 일의 연장선이기도 했다. 더는 숨길 수 없어 삐져나오는 건 애써 포장해 과시하는 편이 낫다고 생각했고, 그때쯤 무대라는 누울 자리를 찾았다. 공연예술로 전공을 선택했다. 내재한 수치심은 여전했지만 춤에 몰입했던 최초의 기억은 강렬하게 남아 나를 움직였다. 옥색 소파를 휘저었던 변신의 맛은 위태로운 20대에 길잡이가 되어주었다.

2010년부터 미국에서 대학을 다니며 춤을 본격적으로 추기 시작했다. 나는 전공 학점에도 들어가지 않는 춤 수업을 매 학기 신청했고, 매년 열리는 댄스 쇼에 빠지지 않고 오디션을 보았다. 제대하고서는 춤을 추고 싶어 뉴욕으로 떠났고, 매일 출근하듯 댄스센터에 출석해 춤 수업을 들었다. 성실하게 방황하던 시절이었다.

3개월 동안 거의 매일 수업을 두세 시간씩 들었을 때

쯤 정신과 의사는 내게 조증약을 처방해주었다. 영화 「빌리 엘리어트」의 빌리처럼 타고난 재능은 없었지만 내로라하는 무용학교에 입학하는 꿈까지 꾸었다. 날고 기는 지원자들 사이에서 특이한 사연으로 간신히 합격하는 서사의 주인공에 나를 무리하게 대입했다. 어린 시절부터 무용 엘리트 코스를 밟은 것도 아니고, 집안 구석구석 눈을 씻고 찾아봐도 예술계 종사자는 없지만, 이상하게도 춤을 향한 집착만큼은 사연 있는 사람 같았다.

그때의 나도 미처 몰랐던 사연은 이랬다. 내가 선택하지도 않은 병역과 성 정체성의 충돌이 일으키는 불안으로부터 시작된 몸부림. 춤은 오래 숨겨둔 나를 쏟아내는 통로였다. 춤이라고 이름 붙이는 게 자주 부끄러웠지만, 춤이 아니라면 그저 무의미한 몸부림 같아 스스로가 초라하고 못나 보여 견디기 힘들었다. 예술이라는 이름을 빌려 꿋꿋이 썩은 감정을 몸으로 방출했다. 연습을 미친 듯이 하면 그래도 관객이 있는 무대에서 악취 정도는 가릴 수 있었다. 나의 지극히 사적인 몸부림이 어떤 관객에게는 무료함으로 닿았을 것이다. 20대 내내 나를 붙잡던 불안을 그렇게 무대에서 소진하고 미군으로 입대를 했다. 군대에서 제대를 기다리며 생각했다. 언젠가 남자를 벗을 수 있다면, 나는 무엇이 될 수 있을까. 얼마만큼 자유로울 수 있을까.

제대하고 서른 살이 되었고, 나는 남자를 벗고 하이힐을 신기로 했다.

검은색 오픈토 하이힐. 높아진 키로 윗공기를 맡으며 거울 앞에 선다. 하이힐 위에서는 턱의 각도와 한쪽 눈썹이 동시에 치켜 올라간다. 오래된 수치심이 고개를 내밀라치면 더욱 뻔뻔하게 골반을 돌려 털어낸다. 비욘세의 「Naughty Girl」에 맞춘 안무를 반복한다. 일부러 입고 온 짧은 바지는 점점 더 짧아져 속옷처럼 말려 올라간다. 각양각색의 힐만큼이나 저마다 다른 피부색을 가진 댄서들이 거울 속 자신의 몸부림에 심취해 있다. 노래를 타고 노는 끈적한 움직임과 뜨거운 시선이 연습실을 가득 채워 공기가 금방 더워진다. 마침내 피부처럼 달라붙어 있던 남자를 벗는다. 발 밑으로 축 늘어진 허물을 힐로 찍고, 거울 속 나와 눈을 맞춘다. 나는 비로소 변신에 성공한다.

차마 못한 말

 엄마는 왜 자신을 표현에 서툰 사람으로 생각했을까. 지금 내 앞에서 엄마가 그렇게 말한다면 바로 반박해줄 수 있다. 가장 강력한 근거로 엄마 핸드폰에 저장된 별명 세 개를 들겠다.

 첫 번째 '나의 봉황'. 그 흔한 '남편'이나 한때 유행한 '남(의)편'도 있는데 엄마는 굳이 봉황을 선택했다. 봉황은 상상 속의 새를 뜻하는 꽤 고귀한 이름이자 '임금'을 뜻한다는데 아버지와 싸울 때마다 엄마가 내게 털어놓았던 하소연을 떠올리면 또 다른 뜻이 있나 의심하게 된다. 두 번째는 '최작'. 무려 '최고 작품'을 줄인 말로 내가 전화하면 엄마 핸드폰에 '최작'이라고 떴다. '우리 아들'이나 '사랑하는 아들'과 같은 평범한 노선을 택하지 않은 걸 보면 전직 디자이너다운 과감함이 돋보인다.

'봉황'과 '최작'이 다소 난해하다면 마지막 세 번째는 직관적인 애정이 느껴지는 '귀요미'다. '귀요미'의 주인공은 엄마의 유일한 여동생인 막내 이모. 내 기억이 맞다면 막내 이모는 아버지와 나를 제외하고 엄마 핸드폰에 이름이나 호칭이 아닌 별명으로 저장된 유일한 사람이다.

엄마 위로 셋, 아래로 둘. 엄마는 세 명의 언니와 남동생, 여동생 하나씩 있었다. 그중 삼촌은 내가 중학생이 되기 전에 일찍이 세상을 떠났다. 할머니는 유일한 아들이었던 삼촌을 유독 아꼈고, 삼촌의 그늘에 가린 막내 이모는 흔한 막내딸 서사와 달리 혼자서도 척척 해내는 똑순이로 자랐다. 엄마와 이모가 어떤 어린 시절을 보냈는지, 어릴 때부터 각별했는지는 잘 모르지만 내가 기억하는 한 엄마는 세상 똑똑하고 야무진데 심지어 귀엽기까지 한 막내 이모를 요즘 말로 '황금 막내'로 깊이 아꼈다. 나의 눈에도 엄마가 쏟아붓는 애정이 보였는데 막내 이모에게 언니는 어떤 사람이었을까. 가족의 탄생과 죽음, 고된 시집살이, 녹록지 않았던 경제 사정 등을 같이 버텨온 사이이기에 전우라고 보아도 이상할 것이 없는 자매. 티격태격하면서도 서로를 끔찍하게 챙기는 이 경상도 여자들이, 서로의 최선에 질려하면서도 누구보다 깊이 의지하고 있다는 걸 나는 어릴 때부터 알아차릴 수 있었다. 이 사실은 마치 모국어처럼 나에게 스며들었다.

오랜만에 막내 이모와 통화를 했다. 잘 지내냐는 흔한 안부를 물었지만 나처럼 이모도 흔치 않은 일상을 보내고 있으리라는 걸 굳이 말하지 않아도 서로 잘 알았다. 이모와 통화하면서 엄마를 떠올리지 않는 건 불가능했다. 반갑게 근황을 나눴지만 엄마 이야기를 부러 떼어놓으니 대화가 겉도는 느낌을 지울 수 없었다. 뻥 뚫린 구멍을 가운데 두고 크고 느린 원을 빙빙 그리는 것 같았다. 이야기는 길게 이어지지 못했고 울음으로 목소리가 부서지기 시작할 때 이모가 서둘러 끝인사를 전하며 통화가 끝났다. 전화를 끊고 나는 마음이 쓰여 문자를 보냈고 이모에게서 답장이 왔다.

이렇게 그리울 줄 몰랐다. 언니가 너무너무 보고 싶다.

차마 목소리로 전하지 못한 말이 문자로 도착했다. 이어진 내용에는 미안한 마음도 담겨 있었다. 안부를 묻고 싶어도 언니가 생각나 자주 하지 못했다며, 아버지를 잘 챙겨드리라고. 너도 많이 힘들겠지만 배우자를 잃은 마음은 상상하기 힘들 슬픔일 거라고.

이모는 늘 이런 식이었다. 엄마는 막내 이모가 순서로는 막내여도 마음은 제일 큰 언니라는 말을 자주 했었다. 본인의 슬픔 가운데서도 주위를 살피는 일이 몸에 밴 사람. 엄마를 닮은 이모의 마음이 반가운 동시에 슬펐다. 멀찍이 제쳐둔 줄 알았던 그리움이 몰려왔다. 이렇게 그리울 줄 몰랐다. 이렇게 그리울 줄 몰랐다. 문자를 몇 번이고 다시 읽으며 내 말처럼 되뇌었다. 그러게. 나도 진짜 몰랐지, 이모. 이렇게 그리울 줄은 나도 몰랐지.

애초에 어떤 치료도 마다 했던 엄마가 마음을 돌린

이유도 막내 이모였다. 고된 수술을 끝낸 뒤 어느 날 밤, 엄마는 눈물을 흘리며 말했다. 자기가 죽고 영이 슬퍼할 일을 생각하면 너무 가슴 아파 이 악물고 버텼다며. 엄마는 알고 있었던 것 같다. 이모가 엄마를 얼마나 그리워할지.

> 나 때문에 가슴 아픈 형제들… 감사랑 사랑을 알았다. 무엇보다 영아. 너무 감사하데이. 그 마음을 누구보다 내가 잘 알지.

수면제를 한 움큼 삼키기 직전에 쓴 엄마의 유언장은 이렇게 끝난다. 그들이 통과한 세월이 책으로 쓰인다면 수십 권이라고 충분할까. 산다는 건, 살기 위해 의지하고 기댔던 존재의 부재까지 견뎌야 하는 일이란 걸 나는 이제야 알아가는데. 30년 전 하나뿐인 남동생이자 오빠를 황망히 보내고, 같은 배에서 나고 자란 부모도 없는 세상에서 서로 나눈 이야기가 얼마나 많을까. 하루가 멀다고 "언니야~" 하고 시시콜콜 일상을 털어놓던 이모는 이제 누구에게 전화를 할까. 가늠조차 되지 않는 슬픔을 각자의 자리에서 버티고 있는 중이었다.

엄마 말은 틀리지 않았다

10년 전 엄마가 영상 속에서 인터뷰하고 있다. 긴장하지 않은 척하지만 평소보다 신경 쓴 화장과 머리가 눈에 들어온다. 익숙한 거실 소파에 앉은 엄마에게 질문을 던지는 아현의 목소리가 들린다. 엄마는 성심성의껏 대답한다. 내 얘기다. 한 시간 분량의 질문도, 대답도 전부 나에 관한 인터뷰다. 얼마 전, 영화에 쓰이지 못하고 파일로 남아 있는 영상을 아현에게 건네받았다.

영화 「퀴어 마이 프렌즈」는 아현이 감독인 다큐멘터리다. 대학교 선후배로 만났지만 내가 한국을 떠나고 난 뒤에야 아현과 더 가까워졌다. 우리는 만나면 대화가 끊이지 않았다. 정체성을 고민하며 성실하게 방황하는 나를 아현은 늘 궁금해했다. 어느 날 본격적으로 카메라를 들고 나타난 아현은 나를 찍기 시작했다. 기꺼이 친구의 습작이 되고자 가벼운 마음으로 참여했는데 정신 차려 보니 나는 아현의 영화 주인공이 되어 있었다. 제작기간 7년을 거친, 우리의 지난한 20대가 고스란히 담긴 영화는 2023년에 정식 개봉하면서 긴 여정의 막을 내렸다.

영화에 엄마는 등장하지 않는다. 영화 대부분은 독일에서 제대 후 패잔병처럼 한국으로 돌아온 시절을 담았다. 부산으로 돌아가는 건 뒷걸음질하는 것 같아서, 벌이도 의무도 없는 서울에 거처를 구했다. 계속 떠나고 또 떠나기를 반복하다 결국 돌아온 내가 실패처럼 느껴졌다. 우울증과 싸우며 절망을 곱씹던 그때의 내가 화면을 가득 채운다. 화면으로 들어가 소리치고 싶다. 시간이 얼마 없어. 울 거면 엄마 품에서 울어.

퀴어에 관한 이야기지만 결국 우정을 말하는 영화.

어느 관객이 영화를 보고 남겨준 평처럼 이 영화는 내게 한 가지 사실을 분명히 증언한다. 혼자라고 굳게 믿었던 시절에 결코 혼자가 아니었다는 것. 가장 가까운 곳에서 나를 버티게 해주는 존재가 있었다. 기대는 법을 몰라 서툴렀던 그때의 아현과 나는, 완성된 영화를 보고서야 우리가 서로에게 얼마나 의지하고 있었는지 알았다. 영화에 직접 등장하진 않지만, 나는 장면 곳곳에 엄마가 있다는 걸 안다. 영화가 끝나고야 가능했던 깨달음처럼, 엄마의 엔딩 크레디트가 다 올라가고 나서야 엄마가 늘 가까이에 있었다는 걸 뒤늦게 알아차린다.

엄마가 준 사랑은 우정이라는 단어와 섞어도 낯설지 않다. 내 삶에 우정은 엄마를 경유해 더 깊어졌다. 나는 친구들에게 엄마 이야기를 꺼내는 게 자연스러운 사람이었다. 엄마는 내 친한 친구들을 자기 친구처럼 오래 알고 지냈다. 친구를 소개해주면 엄마는 얼마 지나지 않아 친구 이름 앞에 '우리'를 붙여 불렀다.

식당을 빌려 친구들과 함께 엄마 생일을 축하했고,

일박을 작정하고 엄마 집에 전부 모이면 배가 터지기 직전까지 엄마는 음식을 해주었다. 어느 겨울에는 손이 큰 엄마가 대방어 한 마리를 통째로 주문한 일도 있었다. 입이 무려 여덟이었지만 다 해치우기에는 역부족이었던 어마어마한 양을 떠올리자면 아직도 배가 더부룩하다. 내가 한국을 떠났을 때도 친구들은 부산 갈 일이 생기면 엄마 집에서 자고 갔다. 똑같이 아들 하나인 막내 이모는 내 친구들 이름을 줄줄이 꿰고 있는 언니를 신기해했다.

다큐 촬영이 시작되고 아현은 카메라를 들고 엄마 집으로 자주 찾아왔다. 촬영을 계기로 둘은 가까워졌고 엄마는 아현을 유독 예뻐했다.

"와 내라고 니같이 예쁜 며느리를 안 바랐겠노."

아현이 엄마를 인터뷰하는 중이었다. 한 번도 들어본 적 없는 엄마의 진심을 엿들은 기분이었다. 나의 행복이 최우선이라고 말하던 엄마는 어쩐지 아현 앞에서는, 농담으로라도 내게는 절대 보이지 않았을 자신의 욕망을 드러냈다. 엄마가 기껏 꺼내놓은 보통의 행복이 내가 해줄 수 없는 일이라 미안했지만, 아현에게라도 엄마가 속내를 털어놓을 수 있어서 다행이었다. 돌아보면 친구로서 아현이 얼마나 불편했을까 싶지만, 카메라를 들고 내가 살피지 못하는 곳까지 비추는 그때 아현의 시선이 나는 참 고마웠다.

투병을 시작한 엄마 곁으로 돌아온 지 1년쯤 지났을 때, 아현에게도 갑작스럽게 암이 찾아왔다. 오랜 짐이었던 영화를 끝내고 일상을 되찾은 지 얼마 지나지 않았을 때였다. 소식을 들은 엄마는 무척 속상해했다. 아현의 삶에 갑자기 끼어든 암이 친구들 모두에게 가슴 아픈 일이었지만, 내리사랑으로 아현을 특히 애정했던 엄마 마음은 또 달랐을 거라 짐작한다.

엄마는 아현에게 항암 동지를 자처했다. 둘이서 주고받는 연락이 늘었다. 항암 시작 전에 미리 눈썹 문신을 할지 말지, 머리카락이 다시 자랄 때까지 얼마나 기다려야 하는지. 아현이 조언을 구하면 엄마는 최선을 다해 답했다. "내는 다 살았지만 아현이 니는 얘기가 다르데이~ 아직 살날이 짱짱하니까 무조건 잘 묵어야 된다!"며 용돈을 부치기도 했다. 엄마는 극구 사양하는 아현의 거절을 거절했다. 돈보다 큰마음을 헤아렸던 아현은 맛있는 식사를 사 먹고 엄마에게 사진을 찍어 보내며 답했다.

아현과 엄마의 투병 동안, 나는 내 몸 아픈 것처럼 둘을 공감해줄 수 없는 순간마다 무기력했고 참 미안했다. 그래서 엄마에게 아현이, 아현에게 엄마가 있어서 나는 두 사람이 참 고마웠다. 주는 마음, 받는 마음, 지켜보는 마음까지. 모두에게 힘이 되는 시절이었다.

엄마가 항암 중단을 결정한 뒤 아현과 친구들은 부산 집을 찾았다. 통증 때문에 예전처럼 식사를 챙겨주지 못해 아쉬워했지만, 오랜만에 본 친구들을 엄마는 있는 힘껏 반겼다. 기력은 사라졌지만 주고 싶은 마음은 여전했다. 엄마는 아껴둔 원두를 꺼내 지퍼백에 가득 담아 챙겨주며 말했다.

"느그 진짜, 이런 친구 관계가 얼마나 소중한지 시간 지날수록 더 알게 될 끼다."

영화 촬영을 시작한 10년 전에도 똑같이 해준 말이었다. 이것은 엄마의 마지막 인사가 되었다.

장례식장에 우리는 하나도 빠짐없이 모였다. 장례 기간은 친구들과 함께 엄마를 배웅하는 짧은 여행 같았다. 병원에서부터 화장터까지, 장례 처음부터 끝까지 친구들이 함께 해주었다. 마지막 날, 화장이 끝나고 내가 유골함을 안고 나서는 순간에 누가 먼저랄 것 없이 울음이 터졌다. 엄마 말처럼 더욱 소중해진 우리는 서로를 부둥켜안고 한참을 울었다. 역시 엄마 말은 틀리지 않았다.

내가 아는 슬픔은 이제 깊고 선명하다. 죽은 엄마는 내 안에서 선명한 슬픔이 되었고, 이 슬픔을 친구들이 알아보고 함께 돌봐준다. 혼자일 때도, 함께일 때도 슬픔을 살아내는 일을 참지 않는다. 친구들 이름 앞에 '우리'라는 단어를 즐겨 붙이던 엄마 덕분에, 우리는 더 깊은 우리가 되었다. 엄마가 엄마도 모르게 선물해준 우리는 엄마를 함께 추억한다. 나는 기꺼이 치대고, 기대어, 엄마 없는 삶을 살아낸다.

기도 같은 믿음

 엄마 옆에 누워 있는 게 좋았다. 병실에 도착하면 제일 먼저 간이침대를 엄마 옆으로 붙였다. 엄마 침대 높낮이를 적당히 조절하면 간이침대에 누운 내가 엄마 손을 잡고 어깨에 기대기 딱 좋은 위치가 되었다. 기운이 없어 목소리가 작아지는 날에 엄마 말을 놓치지 않기에도 충분히 가까웠다. 섬망으로 엄마가 불안해하면 나는 바짝 붙어 누워 엄마 손을 더 꼭 잡았다.

 평생 해본 적 없던 엄마 껌딱지를 서른 넘은 아들이 자처하고 있으니, 간병인과 간호사 선생님은 나를 보면 한마디씩 하고 지나갔다. 그들은 나를 "딸 같은 아들"이라고 했다. 딸 같은 아들. 아주 오랜만이었다. 딸 같다는 말이 부끄러웠던 시절이 있었는데 그사이 많은 시간이 흘렀다는 걸 실감했다.

어릴 때는 계집애 같다는 말이 그렇게 싫었다. 행여 놀림당할까 학창시절 내내 의식적으로 노력했다. 여자아이들에게 짓궂은 장난을 치는 또래 남자 친구들 무리에서 서성거렸고, 흥미도 없는 공놀이와 온라인 게임을 억지로 했다. 스타크래프트가 선풍적인 인기를 끌었을 때 친구 따라 피시방을 자주 드나들었지만 실력은 늘지 않았다. 치고받고 때려 부수는 건 취향이 아니었다. 또래 집단에 속하려는 노력을 공부로 돌리기 시작했을 무렵 나는 중학교에 진학했다. 좋은 성적을 받고 반장이 되었더니 나를 함부로 대하지 않았다.

모두가 축구에 미쳐 있는 체육 시간은 남중의 흔한 풍경이었지만, 나는 그 풍경에서 자주 이탈하는 아이였다. 수업 대신 자유시간을 주면 공놀이보다 쉬는 걸 선호했다. 어느 여름날, 체육 선생이 그늘에서 땀을 식히고 있던 나를 운동장 한쪽으로 불러냈다. 긴장한 내 얼굴을 빤히 보더니 시덥지 않은 농담을 던지며, 내가 또

래와 달리 계집애 같은 게 수상하다고 성별을 확인해 봐야겠다며 내 성기를 만지려고 했다. 주위에 친구들도 있었고, 교실 밖 운동장에서 일어난 일이었다. 순간, 몸을 얼른 뒤로 빼면서도 내가 당황한 걸 들키지 않으려고 애써 웃었다. 몇몇 친구들이 키득거리는 사이, 내 얼굴은 순식간에 뜨거워졌고 심장은 터질 것 같았다. 상황이 어떻게 마무리되었는지 기억나지 않는다. 함부로 몸을 만지는 어른을 향한 분노는 가르쳐주지 않던 시절이었다. 남자들끼리 으레 하는 장난을 장난으로 받지 못하는 내가 오히려 문제라고 생각했다. 나는 남다른 나를, 계집애 같은 나를 자주 미워했다.

다르기는 달랐다. 나는 대학에 입학하고서 게이로 정체화했고, 휴학하고 미국으로 떠나기 전 부모님에게 커밍아웃을 결심했다. 내가 비로소 인지한 정체성을 숨기고 산다는 건 참기 힘든 감각이었다. 마치 몸이 거부하는 알레르기 반응 같았다. 특히 엄마에게는 숨기고 싶지 않았다. 커밍아웃은 용기가 필요한 일이었지만, 엄마라면 나를 있는 그대로 이해해줄 거라는 믿음에 기댄 결정이었다. 내 판단은 틀리지 않았다. 엄마는 말했다.

엄마의 우선순위는 확실하다고. 네가 행복하면 그걸로 됐다고.

그때 엄마의 단순하고 분명했던 대답은 내가 살아가는 데 지지 기반이 되어주었다. 돌아보니 나는 그 기반을 토대로 나를 더 꺼내고 나누는 방식으로 세상을 배워나갔다. 독립을 하고 나서 부모와 거리를 두는 것이 순리라고 배웠는데 커밍아웃은 내게 어떤 역리逆理는 가치 있다는 걸 가르쳐주었다.

나는 기꺼이 엄마의 딸 같은 아들이 되었다. 살갑고 다정다감하며 알아서 척척 해내고, 애정 표현도 적극적으로 하는 아들. 딸 같은 아들. 엄마 친구들은 나 같은 아들이 어디 있느냐며 자주 부러워했다. 무뚝뚝한 당신 자식과 비교하며 강원이 엄마는 딸 없어도 외롭지 않겠다는 말을 빼먹지 않았다. 나는 엄마 친구들에게 딸 같은 아들로 부러움을 사는 순간을 꼭꼭 씹어 삼켰다. 이런 순간들이, 하필 내가 남다른 아들이어서 엄마가 힘들었을 어떤 날들을 상쇄해주지 않을까 하는 기도 같은 믿음이었다.

호스피스 입원 전에 일반실로 입원했던 첫날, 담당 간호사는 성인용 기저귀 하나를 다짜고짜 내게 건넸다. 기저귀를 받아들고 멀뚱히 서 있자 간호사는 친절하게 설명했다. 대소변이 어려울 때 입혀드리고 더 필요하면 병원 1층 로비에서 직접 구매하면 된다고. 나는 엄마가 아직 거동할 수 있고 화장실에서 용변을 스스로 해결하고 있다고 답했다. 간호사는 무심히 기저귀를 도로 챙겨 병실을 나갔다.

간호사가 눈앞에서 사라지고서야 나는 내가 당황했다는 사실을 깨달았다. 짧은 순간이었지만 어쩔 줄 몰랐다는 사실이 불편하고 슬펐다. 엄마가 자고 있어서 다행이라는 생각마저 들었다. 딸이라고 아픈 엄마에게 기저귀를 입히는 일이 쉽지 않을 테지만, 딸 같은 아들이라는 말에 으쓱했던 날들이 순간 부끄러워졌다. 엄마와 성性이 다른 내가 거추장스러웠다.

엄마에게 새로운 이야기를 부지런히 길어 나르던 때가 있었다. 책, 영화, 팟캐스트 등 장르를 가리지 않고 여성이 만드는 여성의 이야기에 귀 기울이던 그때의 나를 이제야 조금 이해할 수 있을 것 같다. '다 살았다'를 입에 달고 사는 엄마가 '너무 늦었다'라고 말하는 것처럼 들려서, 자신조차 당연하게 여기는 엄마로서의 삶과는 다른 유일한 한 여성의 삶으로 자신을 어떻게든 다르게 해석하도록 돕고 싶었다. 나 또한 엄마를 엄마가 아닌 존재로 바라볼 수 있기를 기대했다. 그렇게 할 수 있다면 엄마에게 어떤 해방을 선물할 수 있을 것 같았다. 엄마의 해방과 나의 해방이 연결되었다고 믿었다. 엄마가 엄마의 삶을 살기 시작하면 나도 비로소 자유로워질 수 있을 거라 생각했다. 당시 내가 기쁘게 품었던 설익은 흥분을 기억한다.

엄마는 엄마만의 해방을 맞았고, 결국 선물하지 못한 해방을 나는 쓸모없이 곱씹는다. 내가 딸이었다면 어땠을까. 나와 엄마와의 관계는 무엇이 달랐을까. 엄마의 딸로 태어났으면, 엄마의 몸과 마음을 더 잘 돌볼 수 있었을까. 엄마는 조금 덜 외로웠을까, 조금 덜 슬펐을까. 딸로 태어나서 아내가 된 바람에 며느리까지 맡게 된 엄마의 삶이 내게 좀 더 또렷하게 와 닿았을까. 아니면 그 선명함이 도리어 아팠을까. 아픔은 결국 슬픔이 되었을까. 나는 이 무용한 상상을 멈출 수 없다.

몸, 무게

90년대 초반에는 요즘 보기 힘든 군인 위문 예능이 있었다. 현역 군인이 출연해 가림막 뒤에 있는 사람이 자신의 어머니인지 맞추는 「우정의 무대」라는 인기 프로그램이었다. MC가 "고향으로 출발!"을 외치면 아들과 눈물의 상봉을 한 어머니 출연자가 군인 아들 등에 업혀 퇴장하는 장면이 방송의 하이라이트였다. 당시 초등학교도 입학 전이었던 나는, 어느 날 「우정의 무대」를 같이 보다가 이모가 던진 뜬금없는 질문에 얼굴이 붉어졌다.

"너거 엄마 뚱뚱해서 니 저렇게 업고 갈 수 있겠나?"

농담 섞인 장난이라는 걸 알았지만 기분이 상한 나는 "이모가 뚱뚱하지, 우리 엄마 안 뚱뚱한데요!"라고 소리를 쳤다. 실제로 엄마는 작지 않은 키에 체격이 있는 편이었고, TV 속 건장한 군인과 자신을 비교했을 꼬맹이는 속으로는 엄마를 업을 수 없다는 걸 알았을 거다. 발끈한 마음을 그만 들켜버린 것이다. 깔깔 웃는 이모 옆에서 나를 지켜보던 엄마는, 아들 힘들지 않게 살 좀 빼야겠다며 나를 달래다가 별안간 내게 당부했다.

"혹시 뭔 일 생겨도 허리 다치니까 절대 엄마 업을라 카지 말고 꼭 119 불러라. 알았제."

꼭 엄마의 눈치를 살피게 되는 순간이 있었다. 장르를 막론하고 오래 사는 노인이 TV에 나올 때였다. 특히 거동이 불편해 자식에게 의지해 살아가는 어르신 이야기가 방영될 때면 나는 미리 채널을 바꾸려고 준비했다. 타이밍을 놓치면 내가 미처 리모컨을 잡기도 전에 엄마의 한숨이 들려왔다. 눈살을 찌푸린 엄마는 화면에 눈을 고정한 채 고개를 내저었다. TV 속 노인을 바라보는 엄마의 눈빛을 곁눈질하며 나는 일찍이 배웠다. 자식에게 짐이 되니 죽는 게 낫다는 생각은 엄마에게 타협 불가능한 영역이었다.

아들로 태어났으니 「우정의 무대」처럼 한 번쯤 엄마를 업을 일이 있겠지 했다. 방송이 아니고서야 좋은 일은 아니겠지만, 그래도 엄마를 온전히 내 힘으로 돕는 순간을 기분 좋게 상상해본 적이 있다. 다만 기회는 쉽게 오지 않았다. 엄마는 기대거나 의지하는 일이 서툰 사람이었다. 혼자 해내는 게 기본이어서 조금의 의존도 짐이 되는 일이라 여겨 꺼려했다. 대화 중에도 노후에 관한 이야기가 나오면 "어떻게든 우리 아들에게 짐이 되지 않게"라는 말을 반복했고, 나이 든 부모가 자식에게 얼마나 무거운 존재인지를 자주 설명했다. 자신이 짐이 될까 극도로 조심하는 엄마의 최선에는 의존이라는 단어는 없어 보였다.

암 투병을 시작하고 엄마의 신체 기능은 점점 눈에 띄게 달라졌다. 밥을 먹다 숟가락을 떨어뜨리거나, 손이 떨려 원하는 대로 핸드폰 터치가 쉽지 않을 때면 "아… 이게 안 되네" 하고 혼잣말했다. 감정은 최대한 숨기고 무심히 사실만 말하는 듯했지만, 엄마는 엄마의 방식으로 자주 절망을 뱉었다. 맥없이 떨어진 숟가락 같은 절망을 곁에서 지켜보며 나는 다시 주워 담지도 못한 채 어쩔 줄 몰랐다.

호스피스 병동에 입원한 뒤 얼마 지나지 않아 엄마는 제 발로 서고 걷는 일이 어려워졌다는 사실을 알아차렸다. 화장실에 가려고 일어서다 말고 엄마가 갑자기 멈추었다. 심각한 얼굴이었다. 상상하고 싶지 않았던 현실을 마주한 듯한 표정에는 '절망'이라는 말도 사치 같았다.

몸의 현실은 냉정했다. 열 걸음 정도면 닿던 화장실이 하루아침에 머나먼 곳이 되었다. 딴생각하면서도 쉽게 해결했던 생리 현상은 갑작스레 거사가 되었다. 왼손은 수액 거치대, 오른손은 나를 붙잡고 간신히 일어났지만 걸음마다 고비였다. 제멋대로 떨리는 다리를 이끌고 가까스로 화장실에 도착했다. 도움을 제안할까 망설이다 나는 화장실 문을 닫아주고 밖에서 기다렸다.

한참이 흐르고서야 엄마는 소변을 해결하고 나왔다. 엄마의 이마와 등은 땀으로 흠뻑 젖어 있었고, 침대로 돌아와서는 숨이 차 바로 누울 수도 없었다. 텅 빈 천장에 시선을 걸고 엄마는 한참 숨을 골랐다. 공허해 보이는 엄마의 눈빛은 내가 부축해줄 수 없는 곳에 닿은 듯했다. TV 속 노인을 바라보던 엄마의 눈빛이 떠올랐다.

"완전히 의존할 수 있을 때 떠나시는 분이 많더라고요. 마치 우리가 갓 태어났을 때처럼요. 하나부터 열까지 의지하지 않을 수 없는 상태. 그런 돌봄을 받는 게 미안하지도, 고맙지도 않은 상태. 갓난아기가 미안해하거나 고마워하지 않잖아요. 그렇게 의존할 수 있을 때 떠나시더라고요."

언젠가 호스피스 병동 수녀님이 전해준 이야기다. 이 말은 엄마가 떠난 지금도 여전히 마음에 남아 있다. 엄마에게 의존은 자신의 무게를 혼자 감당할 수 없을 때가 돼서야 비로소 선택지가 되었다. 선택할 수 있는 옵션이 하나밖에 없는 선택지. 절대 꺼내고 싶지 않았을 선택지. 아들에게 자신의 일부 혹은 전부를 떠안겨야 하는, 엄마가 가장 피하고 싶었던 가혹한 순간이었을 테다.

나는 이 순간들이 그립다. 엄마가 필사적으로 피하려 했던 일이 지금 내게 얼마나 소중한 기억이 되었는지 엄마는 알까. 존재를 그리워한다는 건 어쩌면 무게를 그리워하는 일일지 모르겠다. 딱 몸만큼의 무게가 사라진 세상에서 엄마의 무게를 고스란히 느꼈던 순간을 자꾸 반복해 꺼내본다.

떨리는 다리로 걸음을 뗄 때마다 꼭 잡은 두 손으로 전달되었던 엄마의 무게. 엄마가 탄 휠체어를 내 손으로 직접 밀면서 병원 곳곳을 다녔던 날들. 눈을 맞추기 위해 의식이 희미한 엄마를 내 두 팔로 감싸안아 들어 올렸을 때. 마지막 숨을 뱉어낸 뒤 흰 천으로 덮인 엄마를 안치실에 밀어 넣었을 때.

그 무게감을 복기하는 일은 슬픈 만큼 소중해졌다. 엄마의 무게를 같이 감당할 수 있던 시간이 허락되어 다행이었다. 생의 가장자리에서나마 느껴본 엄마라는 삶의 무게. 그 끝은 아주 가벼웠다. 마침내 홀가분해진 엄마는 재가 되어 내 품에 쏙 들어왔다.

> …무게가 주는 기쁨과 행복이 있었다.
>
> 장일호 『슬픔의 방문』 p.214 낮은산 2022

참을 수 없이 슬픈 날이면 나는 누가 온몸을 결박해 주면 좋겠다고 생각한다. 손발이 묶인 채 더는 작아질 수 없을 정도로 웅크린 몸이 묵직한 무게에 눌리는 상상을 하면 이상하게 마음이 편해졌다. 슬픔의 무게에 짓눌려 꼼짝할 수 없다는 게, 할 수 있는 게 없다는 사실에 안도했다.

슬픔에도 무게가 있는 줄 몰랐다. 존재가 사라진 엄마는 이제 슬픔이 되어 무게감을 가진다. 이 무게감이 영원했으면 좋겠다.

슬픔이 데려온 의심 앞에서

믿을 수 없는 장면이었다. 아스팔트 도로 한복판이 갑자기 푹 꺼지며 땅속으로 사라졌다. 싱크홀 현상이라는 뉴스 앵커의 말을 듣고도 믿기 힘든 광경이었다. 나는 뉴스 속 장면을 몇 번이나 돌려보았다. 세상에는 일어나지 말아야 할 일이 일어나 뉴스가 된다. 두 눈을 의심하게 만드는 도저히 믿기지 않는 일이 기어코 일어나 버린다. 화면 속 꺼진 땅은 거실 TV 스크린 위에 커다란 검은 구멍을 만들었다.

나는 그 검은 구멍이 낯설지 않았다. 요즘 내가 겪는 어떤 순간은 싱크홀을 닮아 있다. 일상의 바닥이 꺼지는 느낌. 딛고 있던 삶이 어느 순간 무너져내리는 감각. 훅 꺼진 도로처럼 갑자기 떠오른 엄마 얼굴은 순식간에 가슴 한가운데에 깊고 까만 구멍을 만든다.

오늘은 임종실에서의 엄마 얼굴이 떠올랐다. 해방을 고대하며 죽음을 애타게 기다렸지만, 막상 엄마를 임종실로 옮겼을 때 마음은 복잡했다. 엄마는 알아들을 수 없는 소리를 내며 나를 뚫어지게 쳐다보았다. 분명 아는 얼굴이었지만, 말이 되지 못한 소리는 해석할 수 없었다. 나는 엄마의 손을 붙잡고, 눈을 맞추며 연신 고개를 끄덕였다. 다 안다고, 다 알 수 있다고, 살면서 가져본 적 없는 믿음을 담아 대답했다.

임종실에서 엄마와 눈으로 대화하던 순간은 길지 않았다. 내가 병원을 나와 잠시 집에 들른 사이, 엄마는 소리를 멈췄고 이내 숨도 멈췄다. 병원으로 다시 돌아왔을 때, 엄마는 눈을 감고 있었다. 그리고 다시는 뜨지 않았다.

그날의 엄마 얼굴이 떠올라, 하염없이 슬펐다. 이런 날의 슬픔은 자꾸 의심을 불러일으킨다. 익숙하게 써오던 말들이 낯설다. '돌아가셨다'는 말은 장소를 전제하지만, 나는 엄마가 어디로 갔는지 모른다. 이 말이 왜 나를 멈추게 하는지, 이제야 알 것 같다. 엄마가 여기, 내 곁에 있었는데, 이 자리가 원래 엄마 자리였는데. 나는 엄마가 사라진 현상을 이해할 수 없다. 익숙했던 표현이 갑자기 거대한 질문이 되는 현실을 맞는다. 철학이라는 단어와 버무려 지루했던 물음이 오늘의 나를 가로막는다. 나는 내일로 나아가지 못한다.

검은 구멍의 날에는 감사하는 마음이 차갑게 식는다. 슬픔에 흠뻑 젖은 채 오한 같은 그리움에 덜덜 떤다. 감사를 잊은 건 아니다. 결코 잊을 수 없는 감사를 내내 품었고 엄마가 죽고도 한동안 그 힘으로 살았다. 하지만 검은 구멍의 날에는 자꾸 의심이 든다. 감사에 취해 엄마 없는 삶을 어떻게든 견디려 한 건 아닐까.

감사는 당연했던 존재의 부재를 견디기 위해 복용한 신앙의 처방약 같다. 감사라는 안정제의 효과는 대단하다. 믿음은 불안을 잠재웠고, 의심은 수그러들었다. 죽음 너머는 무엇인지, 엄마가 어디로 갔는지 확신에 확신을 거듭하게 한다. 안정제의 궁극적인 효능은 엄마가 완전한 안식에 도달했다고 믿게 한다.

굳은 믿음으로 일상을 딛고 지내던 어느 날, 검은 구멍에 발이 빠진다. 그렇게 추락하는 날이면 지독한 슬픔과 그리움을 감사로 얇게 덮고 있었다는 의심이 든다. 모든 것이 이해되지 않는다. 나는 엄마 없는 현실을 믿을 수 없다. 구멍이 점점 벌어지고 깊어진다. 한없이 추락하는 나를 본다면 엄마는 분명 안쓰러워할 것이다.

하나님을 자주 입에 올렸던 시절의 나를 엄마는 무척 기뻐했다. 가족 중 대표로 한 명만 교회에 다녀도 이웃과 가족 모두가 구원받는 거 아니냐며 성경 구절을 어설프게 가져와 농담까지 하곤 했다. 당신은 믿지 않지만, 사랑하는 자식이 믿고 의지할 존재가 생겼다는 사실에 엄마는 깊이 감사했다. 그러던 엄마가 호스피스 병동에서 수녀님과 가까워졌다. 매일 아침 엄마를 찾아와 기도해주시던 수녀님의 제안으로 병실에서 대세례를 받아 마리아가 되었다. 내가 함께 갈 수 없는 길에 엄마가 믿고 의지할 존재가 생겼다는 사실이 나는 진심으로 기뻤다.

나는 요즘 교회를 나가지 않지만, 내 불안한 믿음이 엄마의 안식과 무관하다는 것만은 믿는다. 이것은 사실이고, 틀림없는 진리다.

쓰는 일

엄마가 아프고 나서 글을 쓰기 시작한 건 우연이 아닐지도 모르겠다. 제대로 돌보려면 똑바로 서 있어야 된다고 믿었다. 다른 대안은 없었다. 슬픔의 무게에 휘청거리지 않으려면 내 안에 고이는 슬픔을 꺼내놓을 곳이 필요했다.

나는 본능적으로 글쓰기 모임(이하 글방)을 찾았다. 온라인으로 만나는 글방을 지난 3년 동안 꾸준히 참여했다. 병실에 잠든 엄마 곁을 지키며 줌 미팅에 들어갔고, 보호자 휴게실에서 글을 쓰고 마감을 지켰다.

가까운 이에게 말로 털어놓은 슬픔은 그에게 짐이 되

는 것 같아 싫었다. 하지만 단어를 엮어 종이 위에 글로 펼쳐놓은 슬픔은 딱 종이 한 장의 무게로 압축되는 것 같았다. 그렇게 쓴 글조차 기어이 무겁게 읽어주는 사람들을 만났다. 우리는 서로를 '동료'라고 부르기로 했다. 그 무게를 알아봐주는 완벽한 타인에게 나는 적극적으로 기대며 나를 돌보고 엄마를 돌보았다.

쓰는 일은 기대는 일이었다. 고이지 못한 슬픔은 나를 통과해 글이 되었다. 서로의 글 속에서 다양한 삶이 교차했고 포개어졌다. '살아간다'는 저마다의 임무를 각자의 방식으로 해내는 동료가 모여 공동체가 되었다. 그곳에서 글로 삶을 나누는 일은 기꺼이 뒤엉키는 일이라는 걸 배웠다. 엉성하고 조잡해도 얼기설기 뒤엉켜 서로에게 기대고 기댈 품이 되어주었다.

나의 슬픔을 돌봐야 엄마의 아픔을 돌볼 수 있었다. 엄마 앞에서 숨긴 슬픔을 외면치 않고 다시 꺼내 돌볼 수 있었던 것도 쓰는 일을 통해 가능했다. 엄마를 돌보기 위해 나를 돌보았다. 나를 돌보는 방법은 엄마를 돌보며 배웠다. 쓰는 일은 돌봄의 순환 한가운데에 있었다.

엄마가 폐암 진단을 받았을 때는 내가 자주 죽음을 떠올리던 시절이었다. 나를 덮친 슬픔에 한동안 허우적거렸다. 엄마는 부재를 상상하는 것만으로 속에서 슬픔이 울렁거리는 존재였다. 울다 잠들기를 반복하던 날 어느 새벽녘, 나는 결심했다. 애도를 미리 앞당겨 하지 않겠다고. 슬픔에 압도되지 않으리라 다짐했다.

돌아보니 다행이었다. 죽음을 자주 생각한 덕에 나는 군더더기 없이 삶의 우선순위를 정할 수 있었다. 미국에서 모든 걸 접고 돌아간다. 엄마 곁으로 간다. 죽고 싶다는 생각이 사라졌다. 굳이 살아야겠다고 애쓰지 않았다. 가장 선명한 명분이 있는 삶이 시작되었다.

우울의 언어와 닮은 슬픔의 언어가 낯설지 않았다. 슬픔이 파도 같다는 사실을 배웠다. 바다에 파도가 없기를 바랄 수 없었다. 파도를 마주하는 마음으로 슬픔을 보았다. 큰 파도가 덮칠 때는 힘을 빼고 몸을 맡겼다. 한참을 몰아치다가도 어느새 잠잠해지면 물 위로 떠올랐다. 파도는 바다가 생명이라는 증거였다.

사랑하는 존재의 부재를 마주하고, 슬픔 가운데, 어느

때보다 살아있다고 느꼈던 순간은 결코 모순이 아니었다. 내게 생명을 주고 죽음까지 가르쳐준 엄마 곁에서 나는 삶을 아끼지 않는 법을 배웠다.

(나오며)

"그래라, 그건 네 버전의 나니까"

- 내 요즘 글쓰기 하는데, 엄마 글 써도 되나?
- 그래라, 그건 네 버전의 나니까.

이 대답을 들었을 때, 나는 엄마가 거리를 두는 것 같아 내심 서운했다. 그 거리감은, 엄마가 날 향해 쏟아부은 애정과는 별개로, 어릴 때부터 느껴온 오래된 감정이었다. 아마 그 마음이 이 책의 시작점이었을 것이다. 누구보다 내가 엄마를 잘 아는 사람이라는 걸 증명하고 싶었다. 그래서 남몰래 욕심을 부렸다. 빈 종이 앞에서 매일 엄마의 시간을 샅샅이 살폈다. 기억을 펼쳐 시절과 시절 사이를 더듬고, 책을 쓴다는 명분으로 그리움이 만든 집착을 일상으로 수행했다. 가장 가까워서 보지 못했던 것을 멀어진 자리에서 발견하면 글로 옮겼다. 그러나 이 책을 마무리하는 지금, 나는 어느 때보다 많은 질문이 생겼다.

엄마가 아프지 않았다면 과연 엄마를 쓸 수 있었을까. 아들이 쓰는 죽은 엄마는 어쩔 수 없이 모성의 틀 안에 갇히는 게 아닐까. 서둘러 죽음에 닿고 싶어 했던 마음은 정말 엄마 자신을 위한 것이었을까. 모두의 불편을 먼저 알아보던 엄마가, 자신이 불편이 되니까 스스로를 치워낸 건 아닐까. 엄마의 선택이 나를 위한 게 아닐지 의심하는 일조차 내가 누려온 특권은 아닐까. 우리가 서로에게 기대고 의지한 시간이 많았다면, 선택은 달라졌을까. 마지막 날 나를 뚫어지게 보던 엄마는 무슨 말을 하고 싶었던 걸까. 엄마는 지금, 엄마를 쓰는 나를 보고 있을까.

과한 욕심이었다. 나는 엄마를 잘 아는 사람이 아니라 더 알고 싶은 사람이었다. 더 알고 싶다는 건, 결국 사랑한다는 말이었다. 글 속에서 수많은 문장이 오갔지만, 결국 내가 쓰고 싶었던 건 내가 엄마를 있는 힘껏 사랑했다는 말이었다.

취향도 관계도 우선순위가 확실했던 엄마는 선명한 사랑을 남겼다.

'충분히 살았고 사랑했으니, 기쁜 마음으로 떠나겠다.'

삶과 죽음에 대한 엄마의 한결같은 태도를 지켜보며 참 많이 배웠다. 엄마는 투명하고 분명했다. 엄마를 모조리 담고 싶어서 복잡했던 건 오히려 나였다.

엄마를 엄마로만 쓰고 싶지 않았다. 오래된 이름표를 떼고 그의 진실에 가장 가까이 닿고 싶었다. 애초에 불가능한 시도였는지도 모른다. 쓰면서 깨달았다. 내가 얼마나 엄마를 엄마로 원했던 자식이었는지. 엄마를 얼마나 욕심내고, 독차지하고 싶어 했던 아들이었는지. 엄마 품에서 목 놓아 울고 싶었던 순간을 나는 언제부터 참아왔을까. 나는 내가 엄마를 닮은 방식으로 사랑했다는 걸 알았다. 이 책은 엄마를 닮은 아들의 결핍으로 쓰였다. 이 책의 문장들은 엄마에 관한 자의식 가득한 나의 해석이다.

그래라, 그건 네 버전의 나니까.

엄마를 여성으로, 한 사람으로 바라보기 위해 노력했지만 실패했다. 완벽하지는 않았지만 내게 너무나 완전했던 엄마를 가장 잘 쓰고 싶은 욕심에 문장을 고르고 골랐다. 그 과정에서 걸러진 이야기가 엄마라는 사람의 진실에 더 가까울지도 모르겠다. 우리에게 주어진 시간이 너무 짧았다. 죽음이 재촉한 시간 앞에서 내 조급함이 엄마를 향한 문장을 부풀린 건 아닐까, 부끄럽다. 그럼에도 이 책이 그저 착한 아들이 쓴 애도 일기로 읽히지 않았으면 좋겠다. 사랑하는 존재를 있는 그대로 바라보고 싶어 했던 한 사람의 안간힘으로 읽힌다면 감사할 것 같다.

부산과 평택을 오가는 기차 안에서, 보호자 휴게실에서, 병실에 누워 있는 엄마 곁에서, 그리고 더는 볼 수도 만질 수도 없는 엄마를 그리워한 모든 자리에서 이 책을 썼다. 언제나 글보다 마음을 먼저 읽어주는 글방 동료 한 명, 한 명에게 깊은 사랑을 전한다. 어설픈 글 속에 나의 기꺼운 안간힘을 가장 먼저 알아봐준 유유히 이지은 편집자님께 진심으로 감사드린다.

계절에 어울리지 않는 비바람이 한바탕 지나가면 꽃잎이 떨어진다. 조금 이르게 진 꽃이 아깝고 아쉬운 것도 찰나의 심상일 뿐, 떨어진 꽃잎은 묵묵히 생의 임무를 다하고 초록에 자리를 내어준다. 머지않아 꽃이 진 자리에 잎이 자라나 초록이 될 것이다. 슬픔은 진정 생장의 시간이었다. 소중한 존재를 떠나보낸 뒤에는 더는 같은 존재로 머물 수 없다는 걸 배웠다.

나의 엄마에게 이 책을 바친다.
나의 슬픔이 시작된 사람에게 무성한 초록을 바친다.

전영옥을 그리워하며 (1957-2024)

송강원

수월한 농담
ⓒ 2025

초판 1쇄 인쇄일 2025년 9월 2일
초판 1쇄 발행일 2025년 9월 15일

지은이 송강원
발행인 이지은
마케팅 전준구
디자인 송윤형
제작   제이오

발행처   유유히
출판등록 제 2022-000201호 (2022년 12월 2일)
ISBN   979-11-93739-17-4 03810

- 이 책은 저작권법에 따라 보호를 받는 저작물이므로 무단전재와 복제를 금합니다.
- 이 책의 전부 또는 일부를 이용하려면 반드시 저자와 유유히 양측의 동의를 받아야 합니다.
- 책값은 뒤표지에 표시되어 있습니다.
- 인쇄·제작 및 유통상의 파본 도서는 구입하신 서점에서 바꿔드립니다.